Bibliothèque publique de la Nation /
Succursale St-Isidor
25, rue de l'Église
St-Isidore, Ontario K

2002

D0887579

DISCARD / ÉLIMINÉ

LA NATION/ST-ISIDORE

IP027774

Le Testament du Millionnaire
sur l'art de réussir
et d'être heureux

Données de catalogage avant publication (Canada)

Fisher, Marc, 1953-

    Le testament du millionnaire

    ISBN 2-89225-490-6

    I. Titre.

PS8581.O24T47 2002   C843'.54   C2002-940541-6
PS9581.O24T47 2002
PQ3919.2.P64T47 2002

© Tous droits réservés, Marc Fisher, 2002

© Les éditions Un monde différent ltée, 2002
Pour l'édition en langue française

Dépôts légaux: 2e trimestre 2002
Bibliothèque nationale du Québec
Bibliothèque nationale du Canada
Bibliothèque nationale de France

Conception graphique de la couverture:
OLIVIER LASSER

Illustration de la couverture:
LUC NORMANDIN

Photocomposition et mise en pages:
COMPOSITION MONIKA, QUÉBEC

ISBN 2-89225-490-6

Nous reconnaissons l'aide financière du gouvernement du Canada par l'entremise du Programme d'Aide au Développement de l'Industrie de l'Édition pour nos activités d'édition (PADIÉ) ainsi que le gouvernement du Québec grâce au ministère de la Culture et des Communications (SODEC).

Imprimé au Canada

Marc Fisher

Le Testament du Millionnaire
sur l'art de réussir
et d'être heureux

Les éditions Un monde différent ltée
3925, Grande-Allée
Saint-Hubert (Québec)
Canada J4T 2V8
Site Internet: *http:www.umd.ca*
Courriel: *info@umd.ca*

*À Deborah et Jessica
et Julia et Hostia
et mama piccola...*

Du même auteur dans la même série:

Le Millionnaire, Québec-Amérique

Le Golfeur et le Millionnaire, Québec-Amérique

Le Cadeau du Millionnaire, Québec-Amérique

Du même auteur chez le même éditeur:

L'Ouverture du cœur

Le Bonheur et autres mystères, suivi de
    La Naissance du Millionnaire

La vie est un rêve

L'Ascension de l'âme

Pour rejoindre l'auteur:
fisher_globe@hotmail.com

Table des matières

Chapitre 1

Où la chance sourit
à un jeune homme désespéré

Un jeune homme avait de grandes ambitions.

À la vérité, il en avait surtout une, fort simple, et passablement répandue chez ceux de sa génération: il voulait gagner un million.

Oui, il n'en demandait pas plus: un simple petit million.

«Son» premier million, aimait-il répéter à qui voulait bien l'entendre rêver à voix haute.

(Expression curieuse, si on y songe: comme si ce million pouvait appartenir à quelqu'un d'autre que lui, à partir du moment où il l'aurait gagné, à la sueur de son front, ou par quelque éclair de son génie).

«Ensuite, se disait-il, *ce sera un jeu d'enfant de gagner le suivant.»*

Peut-être, mais encore fallait-il le faire, cet improbable premier million.

Or, s'il avait de grands rêves, il avait des moyens fort limités de les réaliser. Du moins lui semblait-il.

Il exerçait en effet le métier de chauffeur de limousine. Avec un salaire de vingt mille dollars par année, et malgré d'occasionnels pourboires fort généreux, il avait calculé que, même avec des privations héroïques, il n'y arriverait jamais à moins qu'il ne vécût et surtout ne travaillât jusqu'à... cent cinquante ans! Pensée plutôt déprimante! Il était bien parvenu, par quelque discipline étonnante pour un jeune homme de vingt et un ans, à mettre de côté près de dix mille dollars.

Mais entre dix mille dollars et un million, il y a... l'incommensurable distance qui sépare les millionnaires du commun des mortels!

Il avait un plan, ou plutôt un rêve: offrir à son vieux patron, veuf et sans enfants, de racheter son entreprise. Mais il avait préféré ne pas s'imposer cette humiliation: son patron se moquerait assurément de sa proposition dérisoire. Dix mille malheureux dollars, épargnés à la sueur de son front, et non sans un mérite exemplaire peut-être, mais tout de même... Avec sa flotte de vingt limousines, et son juteux chiffre d'affaires, l'entreprise devait bien valoir... Il préférait ne pas le savoir...

Si encore il avait pu se tourner vers ses parents pour obtenir quelque prêt. Mais ils étaient morts cinq ans plus tôt dans un terrible accident de la route dont il était miraculeusement sorti indemne. Lorsque votre heure n'est pas venue... Et le peu d'argent qu'ils lui avaient laissé avait tout juste suffi à couvrir les frais de leur inhumation – et les trois premiers mois de l'appartement qu'il avait pris.

Renonçant aussitôt à des études pour lesquelles il avait peu de goût – le démon de l'ambition le rendait incapable de rester immobile sur les bancs de l'école! – il avait tout de suite quitté le petit village vermontois où il était né pour gagner New York.

Il était persuadé que s'il y avait une ville où il pourrait faire fortune, ce serait Big Apple. Mais en cinq ans, il n'avait pas fait de grands progrès, et son idéal de gagner un jour son premier million lui semblait de plus en plus inaccessible. Peut-être, comme bien des jeunes gens, avait-il simplement péché par un double manque de jugement: il s'était mépris sur sa propre valeur et sur la difficulté de devenir millionnaire.

Ce qui exacerbait encore plus son impatience, c'est que, presque tous les jours, il transportait des millionnaires.

Des millionnaires qui, somme toute, ne semblaient pas si différents de lui.

Puisqu'ils avaient, tout comme lui, des soucis, des joies, des peines. Il les entendait sur leur cellulaire discuter avec un associé, leur comptable, leur femme ou leur maîtresse! Parfois aussi, ses clients s'ouvraient à lui de leurs ennuis: son «insignifiance» ne faisait-elle pas de lui le plus parfait des confidents?

Souvent il avait pensé les questionner sur les clés de leur succès. Mais quelque gêne le retenait, peut-être en raison de la modestie de ses origines.

Du reste, si une telle chose que le secret de la richesse existait, pourquoi ses clients bien nantis l'auraient-ils confié à un parfait étranger qu'ils ne reverraient peut-être jamais, même si, à la vérité, il possédait quelques «réguliers» avec qui il était devenu familier? Mais devient-on vraiment familier avec un homme qui gagne cent fois plus que soi? Ses clients ne trouveraient-ils pas ridicule, – et en tout cas fort déplacé – qu'un simple chauffeur de limousine osât leur poser des questions de cette nature, comme si – insulte de taille – il prétendait pouvoir un jour faire partie de leur club fort sélect? Et puis, par déformation professionnelle, il avait perdu l'habitude de poser des questions: il se contentait de répondre à celles qu'on lui posait!

De toute manière, il lui semblait qu'il y avait une barrière trop nette entre ses clients et lui, comme la vitre entre la banquette arrière et avant! Il était le petit chauffeur sans diplôme et sans amis fortunés, ils étaient les gens importants et riches.

Un jour pourtant, il lui sembla entrevoir une petite lueur d'espoir. Son patron en effet lui annonça qu'un client fort célèbre venait de requérir les services de l'entreprise: nul autre que «le Millionnaire», ce riche et excentrique résidant des Hamptons, qui avait la réputation d'être généreux non seulement de son argent, mais aussi de ses conseils: son chauffeur avait éprouvé un malaise à la porte de l'hôtel Plaza et devait être remplacé au pied levé.

«Voilà ma chance!» siffla le jeune chauffeur.

Pourtant, – et ce, malgré un sourire fort engageant de la part du vieux Millionnaire, – il n'osa le questionner de tout le trajet. Il était simplement trop impressionné par sa prestance, par son charisme extraordinaire. Il faut dire aussi qu'il avait été glacé par la profondeur de son regard bleu: le Millionnaire semblait pouvoir lire en lui, comme si son âme n'avait pour lui aucun secret.

De retour au bureau, le jeune homme pestait. *«Ce que j'ai été bête!* se répétait-il. *J'ai passé presque une heure seul à seul en compagnie du célèbre Millionnaire, qui a la réputation d'aimer philosopher avec les jeunes gens, et je n'ai même pas été foutu de lui poser une seule question, si ce n'est son adresse! Et le pire c'est qu'il m'a tendu fort aimablement une perche en me demandant: "Comment la vie te traite-t-elle?" Et moi, stupidement, tout ce que j'ai trouvé à répliquer c'est: «Bien», alors que je ronge mon frein depuis des années!»*

Il ressassait sa frustration lorsque, le soir, en nettoyant sa limousine comme il en avait pris l'habitude à la fin de chaque journée, il se rendit compte que le Millionnaire avait oublié sur la banquette un de ses gants, celui de la main gauche, un très beau gant en cuir fin et léger puisque c'était le mois de mai.

«*C'est un signe!*» pensa-t-il. Ayant lu, peut-être un peu rapidement, quelques livres à la mode, il voyait des signes partout – même là où il n'y en avait pas! «*Voilà ma chance de me rattraper!*» Il examina le gant, le palpa avec une certaine excitation et ne résista pas à la tentation de l'enfiler. Il lui allait parfaitement, comme s'il lui avait appartenu, et bien entendu il vit là un autre clin d'œil du destin. «*Rien*, se dit-il, *n'arrive par hasard!*»

Par une autre de ces singulières coïncidences, le lendemain était son jour de congé: le gant était le prétexte tout trouvé pour retourner illico chez le Millionnaire, et peut-être, cette fois-ci, oser lui demander un conseil – ou mieux encore le petit (ou pas si petit!) prêt dont il avait besoin pour se permettre d'approcher avec plus de confiance son patron qui, avait-il entendu dire entre les branches, avait, depuis quelque temps, l'intention de se défaire de son entreprise.

Le lendemain matin, fort tôt, pour éviter les habituels embouteillages new-yorkais, il monta dans sa vieille jeep – il ne pouvait conduire sa limousine en dehors de ses heures de service – et partit en direction de la demeure du Millionnaire.

À l'imposante barrière ornée de roses métalliques qui défendait le domaine de l'excentrique philanthrope, il n'y avait pas, comme la veille, de gardien. «*Voilà bien ma chance!*» se dit le jeune chauffeur. Et envahi par un découragement soudain, il ne voyait déjà plus, dans les coïncidences de la veille, autant de signes du destin. Je me suis une fois de plus monté stupidement la tête!»

Mais il nota alors que la barrière n'était pas fermée. Après une hésitation, il décida de la pousser, remonta dans sa jeep, et, non sans émotion, roula en direction de la demeure du Millionnaire, ne s'arrêtant pas, comme il l'avait fait par erreur la veille, aux différentes résidences secondaires réservées à ses domestiques ou à ses invités.

Même si c'était la deuxième fois en moins de vingt-quatre heures qu'il avait la chance de voir le manoir du Millionnaire, il en eut à nouveau le souffle coupé. Un véritable château avec ses fenêtres innombrables, ses tourelles, ses cheminées de pierre. Et ce qui ne gâchait rien, et rendait la résidence du Millionnaire unique – ou en tout cas vraiment hors de l'ordinaire – était que non seulement elle était sise au bord de l'eau, mais qu'elle était nantie d'un magnifique parcours de golf dont le dix-huitième trou était visible de la porte principale, en une sorte d'invitation aux hôtes du richissime philosophe.

D'ailleurs, un peu curieusement, un sac de golf avait été oublié – puisqu'il n'y avait aucun joueur en vue – sur la frise du large vert savamment ondulé, où étaient également visibles une balle et un fer droit *(putter)*, à quelques pieds du drapeau que la brise matinale agitait légèrement.

«*Curieux*, pensa le jeune homme, non sans une certaine appréhension. *Serait-il arrivé quelque chose au vieux Millionnaire? Pourquoi avoir abandonné là son sac et son fer droit?*»

Il immobilisa sa jeep devant la porte principale, et, après une hésitation, le gant gauche du Millionnaire en main, il sonna à la porte. Pas de réponse. Il sonna à nouveau mais sans succès... Était-il possible que toute la maisonnée dormît? Non, il était presque neuf heures et même si le Millionnaire était encore au lit, un domestique serait vraisemblablement venu répondre.

Il sonna une dernière fois, sans trop d'espoir et n'obtint pas davantage de réponse. Il était très déçu. Non seulement avait-il fait tout ce trajet inutilement, mais surtout, il ne rencontrerait pas le Millionnaire... Décidément, la chance n'était pas de son côté... Mais il nota alors que, fort curieusement, la porte était restée légèrement entrouverte, comme si le Millionnaire et ses domestiques étaient sortis précipitamment...

«*Voilà ma chance!* pensa le jeune homme. *À l'intérieur, je trouverai de quoi écrire, et laisserai le gant au Millionnaire avec une note explicative et mon numéro de téléphone. Il aura sans doute la gentillesse de me téléphoner pour me remercier...»*

Une ultime hésitation – car c'était plutôt cavalier de pénétrer ainsi sans permission dans la résidence d'un millionnaire, même si c'était pour une bonne raison – et il entra. Il referma la porte derrière lui, et un instant resta immobile dans le vestibule, impressionné au-delà de tous les mots par le faste des lieux.

Après quelques instants, il se ressaisit, et surtout se rappela pour quelle raison il s'était hasardé à entrer chez le Millionnaire.

Il s'avança, s'extasia devant l'imposant escalier qui menait à l'étage, nota les nombreux portraits qui l'ornaient, dont un entre autres du Millionnaire, qui lui sembla le considérer avec une certaine gravité, comme si sa présence en ces lieux était indésirable.

Il traversa le vaste salon, la salle à manger puis, sans trop savoir pourquoi, se sentit attiré vers une porte. Il la poussa, découvrit la formidable bibliothèque du Millionnaire, qui, comme toutes les bibliothèques dignes de ce nom, s'élevait sur deux étages et comportait en conséquence une passerelle, à laquelle on accédait par un charmant escalier en colimaçon.

Au centre de la bibliothèque, à côté d'un buste de Socrate, se trouvait un large bureau de bois. Était-ce de l'acajou ou du cerisier? Le jeune chauffeur de limousine n'aurait su le dire. Il pensa tout naturellement qu'il y trouverait de quoi écrire, s'approcha, et ne put résister à la tentation de s'y asseoir.

Comment en effet, pour un jeune homme aussi ambitieux que lui, résister à la tentation de prendre place pour quelques secondes au bureau à partir duquel, sans doute, le Millionnaire dirigeait – ou avait dirigé car à son âge, il était probablement à la retraite – ses innombrables affaires, et à partir duquel il avait conclu ses lucratives ententes. Quel sentiment glorieux! Et un instant, tout excité, le jeune homme se représenta qu'il était un homme d'affaires important. Il avait réussi à racheter la compagnie de limousines pour laquelle il travaillait, il en avait doublé le chiffre d'affaires, il avait même pu, grâce à ses excellents profits, racheter d'autres sociétés qui avaient également prospéré sous son habile gouverne.

Il saisit le combiné téléphonique, qu'avait soulevé tant de fois le Millionnaire, fit mine de régler un problème, le posa. Il s'empara de la belle plume *Mont-Blanc* du Millionnaire, chercha du papier, trouva un bloc-notes, y griffonna quelque chose, comme si c'était une note importante. Il y avait un bel agenda de cuir noir, ou plutôt une sorte de porte-documents, qui se fermait avec une faveur noire, et qui contenait, il le voyait, une bonne pile de feuilles. Il défit le ruban, mais marqua une certaine hésitation: ne commettait-il pas une indiscrétion qui, si elle venait à la connaissance du Millionnaire, risquait de le contrarier singulièrement? Et pourtant, curieusement, comme si sa main était mue par une force extérieure à sa propre volonté, il ouvrit le porte-documents.

Ce qu'il lut alors, sur la première page de la pile de papiers, le plongea dans un état de choc indescriptible, et ses yeux se mouillèrent aussitôt de larmes.

Chapitre 2

Choisis soigneusement ta carrière

Il était arrivé quelque chose au vieux Millionnaire!

C'était évident.

Oui, tout s'était placé aussitôt dans l'esprit du jeune homme: l'absence du garde à la barrière d'entrée, celle de tout domestique dans la maison, la porte principale laissée ouverte...

Oui, il était arrivé quelque chose au Millionnaire...

Il avait eu une crise cardiaque ou une commotion cérébrale à la fin de son parcours de golf matinal, et c'était pour cette raison que le fer droit et la balle avaient été abandonnés sur le dix-huitième vert!

Le jeune homme en était venu à cette conclusion aussi rapide qu'étonnante, non seulement en raison de la désertion incompréhensible du domaine, mais encore parce que sur la première page de la pile de papiers étaient tracés, d'une écriture très élégante même si elle était un peu tremblée, les simples mots: MON TESTAMENT.

Oui, cela tombait sous le sens: le Millionnaire, qui avait la réputation d'être hautement intuitif, avait senti sa fin proche et avait cru bon de ressortir, pour le mettre à jour ou le compléter, son testament.

Et en un hasard singulier – mais ne dit-on pas qu'on devine presque toujours à l'avance le moment du grand départ? – le Millionnaire avait vu juste... La mort était venue le chercher aussitôt, comme s'il l'avait appelée, et qu'elle lui avait obéi.

Des larmes mouillaient toujours les yeux du jeune homme. Un peu inexplicablement d'ailleurs, puisqu'il connaissait uniquement le Millionnaire de réputation et n'avait passé, en somme, qu'une heure en sa compagnie, une heure d'ailleurs stupidement silencieuse. Et sa tristesse ne s'expliquait pas seulement par le simple fait que maintenant il était évident qu'il ne pourrait plus demander un conseil – ou un prêt! – au Millionnaire. Non, il avait la curieuse impression d'avoir perdu quelqu'un qu'il connaissait depuis longtemps. Presque un père.

Est-ce la raison pour laquelle il s'arrogea de manière fort indiscrète le droit de tourner la première page du testament? Ou était-ce la simple curiosité, toute naturelle pour un jeune homme, de voir ce que pouvait bien contenir le testament d'un homme aussi riche que le célèbre Millionnaire? Une curiosité que soutenait singulièrement le format du testament qui devait au bas mot comporter une soixantaine de pages, peut-être plus.

Mais contre toute attente, le jeune homme ne trouva pas, sur la seconde page du testament, quelques dispositions à l'intention de ses héritiers, ses dernières volontés, mais plutôt, les simples mots: LE CHOIX D'UNE CARRIÈRE.

Ému, le jeune homme se mit à lire:

«Il est tard, – vingt-trois heures trente, peut-être minuit – et je suis assis, seul dans mon étude, comme j'ai pris l'habitude de le faire depuis des années. Depuis longtemps, je n'ai guère besoin de plus de quatre ou cinq heures de sommeil par nuit, ce qui me laisse amplement le temps de réfléchir. Et d'écrire aussi. La maisonnée est silencieuse, tous les domestiques s'étant retirés pour la nuit... J'ai dîné fort légèrement, suivant l'axiome qui dit que, s'il faut déjeuner en roi, il faut dîner en pauvre, conseil d'autant plus utile qu'il s'adresse à un vieil estomac comme le mien! Près de moi, fume une tasse d'un thé dont le subtil parfum se mêle à celui de mes roses, mes compagnes dernières.»

Le jeune homme interrompit un instant sa lecture.

Il y avait effectivement, sur le coin du bureau, un vase rempli de roses que, dans son excitation, il n'avait pas remarqué.

Mais déjà il reprenait sa lecture fébrile, encore sous l'étonnement de découvrir un testament qui ne ressemblait en rien au document qu'il s'attendait de trouver.

«Comme j'aime ces heures qui n'appartiennent qu'à moi et où je puis me livrer en toute liberté à mes pensées.

Mais ce soir c'est à un exercice un peu particulier que j'entends me livrer. Mon maître intérieur, dont je n'ai jamais osé défier la volonté, m'intime l'ordre d'écrire non pas mes mémoires, comme il sied à un homme de mon âge, mais plutôt mon testament. Pas le banal et incontournable document légal dont je me suis déjà occupé depuis longtemps et dont les moindres détails ont été arrêtés. (Toute notre vie, et malgré notre niveau de fortune, les problèmes d'argent nous suivent comme notre ombre, contrairement à la croyance populaire: en voilà bien la désolante preuve)! Non, plutôt mon testament spirituel.

Est-ce la manière qu'a choisie mon maître de me prévenir qu'est proche l'heure où je devrai cultiver dans les jardins célestes mes roses adorées? Ou ne veut-il pas plutôt m'annoncer que je recevrai sous peu un visiteur, un visiteur à qui, par je ne sais quel caprice du destin, je n'aurai pas le temps de dire tout ce que je voudrais.

Oui, il me semble...

Mais c'est peut-être quelque angoisse devant la mort qui guide mon raisonnement! Pourtant l'idée de la mort, si elle ne m'emplit pas de joie, ne m'effraie pas non plus. Il y a longtemps que j'ai fait mien le raisonnement de Socrate: s'il n'y a rien après la mort, je n'ai nulle raison de m'inquiéter puisque je ne serai plus, puisque ma conscience sera abolie, et s'il y a quelque chose, alors mourir n'est rien de plus que de passer un vêtement nouveau, que de s'éveiller d'un trop long sommeil, et mon inquiétude est aussi ridicule que celle de l'enfant qui, le soir, craint de ne pas se réveiller l'aube venue.

Depuis que j'ai pris la plume, il me semble que l'image de ce visiteur se précise dans mon esprit, de telle manière que je me sens autorisé, presque forcé même, de m'adresser directement à lui...

Oui, je... je te vois presque comme si tu étais là devant moi en chair et en os, comme le fils que, hélas, je n'ai jamais eu...

Je t'imagine jeune, comme je le fus, comme je ne le serai jamais plus, sinon par l'esprit – et heureusement ce n'est pas une maigre consolation puisque c'est le siège même de toute jeunesse, le tremplin de toute entreprise, mais j'y reviendrai plus tard.

Avant d'aller plus loin, je veux te dire ceci: quand tu liras ces lignes, comprends à quel point la philosophie, plus que l'argent, plus que la gloire et même plus que les amis, qui malheureusement vont et viennent dans notre existence, est non seulement utile mais nécessaire au bonheur. Platon souhaitait que les philosophes fussent rois, et les rois philosophes. Moi je te dis, si tu veux être le roi de ta vie, le maître de ton existence, sois philosophe, sinon tu connaîtras le lot qui est réservé à la plupart des êtres: ils traversent leur existence sans jamais se connaître vraiment ni, par voie de conséquence, pouvoir trouver la clé secrète de la félicité.

Car pour moi, – et je me suis efforcé de faire de toute ma vie la vibrante démonstration de ce principe – la richesse sans le bonheur n'est rien, rien de plus qu'une coquille, dorée peut-être mais pourtant vide, et j'admire davantage le bonheur simple mais entier d'un homme qui est resté sans le sou, que la vanité de tant de mes contemporains qui tentent de s'étourdir de la vacuité de leur existence avec de luxueux jouets.

Mais revenons à toi...

Je te vois, dans la belle lumière que jette en ma tête mon œil intérieur, soleil de tant de mes éblouissements.

Tu as vingt ou vingt et un ans (le jeune homme frémit à la lecture de ces mots comme si le vieil homme effectivement le voyait, ou en tout cas avait prévu sa visite et s'adressait véritablement à lui!) et je te sens anxieux, ce qui, je te rassure d'entrée de jeu, est tout à fait naturel.

Tu as de vastes ambitions, certes, mais en même temps tu te demandes par quel bout attaquer la vie. Tu te demandes si tes rêves sont réalisables ou si ce ne sont que des chimères qui resteront lettre morte et auxquelles tu devras un jour renoncer.

Tu te demandes quelle carrière tu devrais embrasser.

Eh bien, et c'est le premier conseil que je te donnerai à ce sujet, cette carrière – si du moins c'est toi qui la choisis et non elle qui te choisit comme il arrive si souvent! – choisis-la soigneusement, avec tout le sérieux qu'exige une tâche capitale, comme si ta vie en somme en dépendait, et à la vérité elle en dépend.

La première raison en est pour ainsi dire mathématique. Fais – ou refais – le calcul suivant. Nous passons le tiers de notre vie à dormir, il nous reste seize heures à nous, et comme nous en travaillons huit, nous passons donc, grosso modo, la moitié de notre temps de veille à travailler. Si tu détestes le travail que tu fais, si tu ne le fais que pour obtenir cette maigre consolation qu'on appelle un chèque de paie, crois-moi, tu ne seras jamais heureux. Parce que ces huit longues heures que tu subiras cinq jours sur sept, cinquante semaines par année, ruineront ta vie que tu croyais pourtant gagner ainsi.

Et ce mauvais choix de carrière te condamnera en outre à l'échec.

De toute ma vie, je n'ai jamais rencontré un homme à succès qui n'aimait pas passionnément son travail.

Tu seras donc doublement puni de ton mauvais choix: non seulement toute ton existence – et celle de tes proches, crois-moi! – en sera empoisonnée, mais tu ne deviendras jamais riche: quelle triste ironie! Tu auras perdu sur les deux tableaux parce que tu auras manqué de discernement...

Mais peut-être es-tu incertain quant au choix même de ta carrière...? Lorsque tu penses au métier que tu devrais exercer, tu hésites comme hésite le voyageur à la croisée des chemins: tout se brouille dans ton esprit, et tu te sens tiré dans des directions contradictoires, dont certaines ne t'enchantent pas vraiment...

Ce n'est pas grave, tu es jeune encore.

Apaise-toi.

Entre doucement en toi-même.

Même lorsqu'un lac est profond, on peut en voir le fond à partir du moment où ses eaux sont calmes, ne l'as-tu pas remarqué? Alors, pour un temps au moins (et si tu m'en crois pour le reste de ta vie), fuis l'agitation si fréquente de notre époque, laisse s'élever en toi les voix de ce silence fécond qui illumine toute décision capitale.

Sois attentif à ton maître intérieur, qui toujours est là, qui toujours est prêt à te conseiller, si du moins tu daignes l'écouter.

«Que sera mon avenir?» te demandes-tu avec angoisse.

Pour le découvrir, consulte la plus formidable, la plus simple des boules de cristal : tes désirs.

Oui, pour connaître ton avenir, examine tes désirs les plus insistants, les plus profonds.

Ils sont ce que tu es, ils sont surtout ce que tu deviendras. Ils sont l'indice de tes vertus, de tes talents encore inexprimés.

Tu ne voudrais pas devenir dessinateur, vendeur ou homme d'affaires, si tu ne sentais pas au plus profond de toi des dispositions pour ces métiers, si ces dispositions n'étaient pas là, en germe, n'attendant que ta volonté, que ton courage et ta persévérance pour croître et se déployer au grand jour.

Ne fais pas, je t'en conjure, cette erreur si fréquente qui consiste à nier ses désirs profonds.

Tu connais sans doute, comme tout le monde, l'expression : «crime contre l'humanité»?

Mais le crime contre l'homme?

Je ne parle pas d'un meurtre au premier ou au second degré. Je parle de ce crime qui, hélas, est commis quotidiennement et qui reste en général impuni, d'autant plus aisément qu'il est souvent inconscient et fort généralement admis : le crime contre l'homme intérieur, que perpétue constamment l'homme social, le crime contre l'enfant en toi qui un jour avait des rêves, mais que tu as nié, ou que tu as laissé les autres nier ; ce qui ne vaut guère mieux, ne l'oublie pas, même si tu accuses les autres,

31

car ce geste odieux que tu leur prêtes, ne l'as-tu pas autorisé?

Lorsque tu renonces à tes propres désirs, lorsque tu laisses les autres briser tes rêves dans l'œuf, c'est ta propre lumière que tu renies: et la lumière ne doit pas rester dissimulée sous le boisseau. Sinon, comment illuminerait-elle ta vie, comment illuminerait-elle celle des autres?»

Le jeune homme interrompit un instant sa lecture, releva la tête. De nouveau, et de manière encore plus précise, il éprouvait le sentiment que le vieux Millionnaire s'adressait directement à lui, qu'il le connaissait. Mais tout de suite il se remit à lire:

«Mais peut-être n'as-tu pas d'hésitation sur le choix de ta carrière? Tu as la chance – et c'est un signe favorable! – de déjà savoir ce que tu veux faire, malgré ton jeune âge...

Seulement voilà...

Il y a en toi – et autour de toi – de nombreuses voix discordantes qui s'élèvent, et te déconseillent de suivre la voie de ton cœur, surtout si elle s'éloigne par trop des chemins battus...

Et la voix qu'on entend le plus souvent, surtout si tu rêves de démarrer ta propre affaire, – ou pire encore de te lancer dans une carrière artistique! – c'est celle du bon sens, que répètent sans même s'en rendre compte la plupart de tes amis, et tes parents bien entendu. C'est une voix si banale, si répandue, que chacun en est venu à la confondre avec la voix de la raison.

Et ce que cette raison veut, c'est que tu choisisses un métier qui t'assure, à ta famille aussi bien qu'à toi, une honnête subsistance. C'est bien sans doute.

Mais sauras-tu toute ton existence te contenter d'un métier qui ne fait que te nourrir?

Et tes rêves, eux, qui les nourrira?

Et au moment de ta mort, ne sentiras-tu pas que la société t'a floué, parce qu'à travers tes professeurs, tes parents, tes amis, elle t'a forcé à renier tes rêves et à suivre le troupeau? N'auras-tu pas honte, à la fin de tes jours, de voir qu'on pourra écrire sur ton épitaphe les mots suivants: «Ci-gît un homme qui s'est laissé posséder par la société et qui a préféré rentrer dans le rang plutôt que de vivre ses rêves?» Ne serais-tu pas davantage fier que tes descendants lisent sur ta pierre tombale: «Ci-gît un homme qui a vécu sa vie comme il l'entendait, qui est allé au bout de ses rêves, envers et contre tous?»

N'es-tu qu'un simple tube digestif, un simple corps qui a besoin d'être transporté et abrité douillettement? Non, et tu le pressens, je le sais. À la vérité, il y a en toi un soleil intérieur si formidable que sa puissance éclipse mille fois celle du soleil qui traverse quotidiennement notre ciel! Et ce soleil, tu voudrais impunément en contenir les éblouissants rayons?

«Mais ta sécurité? répètent tes parents qui n'ont que ce mot à la bouche. As-tu pensé à ton avenir?»

Mais que vaut la sécurité d'un homme qui, à quarante ou cinquante ans, se fait remercier par un patron auquel il a dédié dix ou vingt années de sa vie? Cet homme ne se retrouve-t-il pas dans une situation bien plus précaire que celle de l'homme qui, dès son jeune âge, a décidé de ne s'en remettre qu'à lui-même, qui est devenu un véritable loup (au bon sens du mot bien entendu), qui depuis des années a été habitué à se créer chaque jour du travail et ce qui en découle naturellement: des revenus? La seule, la véritable sécurité n'est-elle pas celle qui ne dépend de personne d'autre que de nous-même, de nos propres efforts, et non pas de la bonne grâce ou du caprice d'un patron? Qui des deux hommes que je viens de décrire est le plus démuni lorsque tourne le vent de la fortune?

Si tu ne fais pas actuellement ce que tu veux faire, t'es-tu déjà demandé, sérieusement, honnêtement, pourquoi tu acceptais cette situation?

Je sais que, en tenant pareil langage, je m'adresse à ceux que le grand écrivain français Stendhal appelait les «*happy few*», les rares gens heureux, le petit nombre en somme, et il est vrai qu'en notre époque tourmentée, le bonheur est l'originalité ultime. Je l'admets, ma morale est une morale d'exception, mais l'autre, plus conventionnelle, a déjà bien suffisamment de chantres, et je ne crois pas que la mienne fasse autant de ravages qu'en firent, par exemple, *Les Souffrances du jeune Werther* de Gœthe au moment de leur parution. Au lieu de provoquer une vague de suicides, je la soupçonne plutôt de provoquer une vague de résurrections: car combien d'hommes ne sont-ils pas des enterrés vivants? N'est-il pas plus exaltant de voir un homme prendre son grabat et marcher, plutôt que de le voir toute sa vie allongé, impuissant, même s'il risque, ce faisant, de se casser une jambe?

Ma morale s'adresse aux esprits libres ou à ceux qui entendent le devenir, je n'en disconviens pas.

Si tu frémis à la seule pensée que tu pourrais un jour vivre, et vivre fort bien, et même vivre royalement en faisant exclusivement ce que tu aimes, si tu trouves cette pensée absolument inconcevable, ce testament n'est pas pour toi.

Mais quelque chose me dit que si le hasard a mis entre tes mains ces pages, ce n'est justement pas... par hasard! C'est qu'il y a en toi, comme en chaque homme d'ailleurs, mais plus développé, plus près de s'épanouir, ce germe magnifique de grandeur.

Et cette grandeur, que tu le saches ou non, c'est toi.

N'enterre pas tes talents, de crainte que tu moisisses avec eux au fond de leur cachette!

En fait, si tu veux me plaire vraiment, fais tous tes choix, j'entends les choix décisifs au sujet de ton avenir et de ton métier, *sub specie aeternitatis*. C'est du latin, tu m'en excuseras, mais rassure-toi, je ne ferai pas comme certains auteurs précieux, je traduirai pour toi: «en regard de l'éternité».

Oui, en regard de l'éternité...

Quel est le plus important pour toi?

Quelle est ta contribution la plus précieuse?

Quelle est la plus belle pierre et surtout la pierre que toi seul puisses apporter à la magnifique cathédrale de la Vie?

Si elle coïncide avec celle que la société, que tes parents veulent pour toi, bravo, tu jouis d'une chance exceptionnelle...

Mais si elle est autre, j'aimerais que ce soit elle que tu choisisses... en regard de l'éternité!

Même si elle te paraît plus téméraire, plus incertaine, plus insensée, car c'est elle et elle seule qui te permettra d'exprimer ta véritable grandeur.

Chapitre 3

Vaincs le démon de la peur

Tu as fait ton choix, tu sais maintenant ce que tu veux faire.

Seulement, la peur te tenaille, tu hésites à plonger.

Peut-être ton erreur a-t-elle été de trop écouter les gens autour de toi?

Je n'en serais pas étonné outre mesure.

Descartes a dit que le bon sens était la chose du monde la mieux partagée.

Moi je dis que c'est la peur.

Quatre-vingt-dix pour cent des gens – et je suis clément, il me semble – sont dominés par le démon de la peur. Peut-être ne t'en rends-tu pas compte, comme le poisson ne se rend pas compte qu'il vit dans l'eau parce qu'il n'a jamais rien connu d'autre.

Je vais te donner la désolante preuve de cette sombre statistique.

Rentre au bureau le matin, et annonce: «Je suis au bord de la dépression, et je pense que mes projets vont échouer!»

Il ne se trouvera probablement personne pour mettre en doute tes propos, ou pour te contredire, tout le monde pensera que tu es sincère, et que tu dis la vérité parce que... c'est négatif!

C'est ce que j'appelle un état sombre de l'esprit.

Et c'est un état, hélas, qui est le lot de la majorité.

Le millionnaire, lui, fuit cet état comme la peste, et s'efforce en chaque circonstance de cultiver les états brillants de l'esprit, car depuis longtemps il a compris cette loi ancienne de la richesse: la pensée détermine le succès.

Beaucoup mésestiment la puissance de la pensée.

«Elle est invisible», se disent-ils, *«donc elle n'existe pas»*.

Et pourtant le vent lui aussi est invisible et sa puissance peut-être formidable.

Imagine-toi que ta tête est un bol, et tes pensées, ce sont les parfums que tu y verses quotidiennement. Et ce parfum, que tu le veuilles ou non, se répand partout autour de toi. Est-ce un parfum de roses? ou un parfum malodorant?

Oui, personne ne te contredira le matin, si tu avoues ton découragement. En fait, et c'est véritablement déprimant, il se trouvera même des gens qui se réjouiront secrètement de ta déconvenue et se diront: *«De toute manière, je savais qu'il échouerait, qu'il n'en viendrait pas à bout...»*

À la vérité, ils ne le savaient pas, secrètement ils le... souhaitaient!

Mais en revanche, annonce: «Je ne me suis jamais senti aussi bien de toute ma vie, et je suis certain que mon projet va réussir!»

Et tout de suite les gens se diront: *«Quel jeu joue-t-il? Qui veut-il impressionner? Quelle mouche l'a donc piqué pour qu'il se vante de la sorte!»*

Pourquoi?

Tout simplement parce que c'est... positif!

Parce que c'est un état brillant de l'esprit, et cela, la plupart des gens le vomissent, comme un véritable corps étranger!

N'imite pas ces gens.

À la place, agis comme si tu étais déjà millionnaire!

Oui, agis comme si tu étais déjà millionnaire!

Je ne veux pas dire, bien entendu, que tu doives te précipiter dans la première boutique venue pour flamber toutes tes économies, ou surcharger tes cartes de crédit.

Non, je veux dire: cultive en toi cette si rare, si magnifique, si nécessaire insouciance du véritable millionnaire. Pour t'aider dans cette tâche capitale, imagine-toi que tu as déjà un million de dollars dans ton compte en banque...

Oui, un beau petit million.

«Ton» million...

(Le jeune homme frémit de cette nouvelle coïncidence).

Si tu avais déjà ce million, comment te sentirais-tu?

Plus détendu, plus optimiste, plus déterminé à prendre des risques?

Hésiterais-tu encore à entreprendre le projet que tu caresses depuis des mois, depuis des années, parce que tu as peur de perdre le peu que tu as?

Hésiterais-tu à tout quitter?

Hésiterais-tu à renoncer à ta sécurité pour plonger?

Non!

Eh bien, moi je te dis: agis comme si tu avais déjà ce premier million... c'est la meilleure manière de l'avoir pour de vrai!

Et l'argent qui te manque si cruellement pour démarrer?

Tu le trouveras!

Comme on apprend à nager en plongeant à l'eau et non pas en restant sur la rive à relire un traité de natation, aussi savant fut-il, ainsi on trouve chemin faisant ce qui est nécessaire au voyage... si tant est qu'on se mette en route!

Car il y a une magie dans l'audace, et des récompenses inattendues, et qu'en tout cas on n'aurait jamais obtenues si on était resté sur place, paralysé par la crainte d'échouer.

Oui, tu le trouveras cet argent!

On le trouve toujours, si on est persuadé de le trouver.

J'ai fait mes débuts comme cireur de souliers sur Wall Street.

Et on me prête (c'est une manière de parler bien entendu car elle m'appartient, après tout!) une fortune de huit cents millions. Alors crois-moi sur parole, l'argent est secondaire.

À la vérité, ne te ronge pas les sangs à te demander si tu vas trouver cet argent dont tu as besoin pour te lancer.

Car il y a en toi un banquier secret, que j'appellerai le banquier intérieur.

Il veille à tes intérêts, si je puis dire sans jeu de mots.

Il y veille constamment, nuit et jour, sans même que tu t'en rendes compte.

Mais à certaines conditions.

Il ne regarde pas comme les banquiers ordinaires l'argent qu'il y a dans ton compte, tes revenus, tes dettes ou tes échecs passés; non, pour établir ton bilan, et surtout pour te donner cet argent dont tu as besoin pour aller de l'avant, tout ce qu'il regarde – mais il le regarde avec une acuité renversante – c'est ta certitude de réussir, c'est ta confiance de devenir un jour millionnaire.

S'il voit une faille dans l'armure de ta certitude, tout de suite il recule, et cette hésitation que tu éprouves secrètement quant à tes chances de succès, tout de suite il la ressent et la partage: et c'est toi qui en paies le prix. Lui n'est qu'un miroir, et ne délie qu'à certaines conditions les cordons de sa bourse infinie: comme les banquiers ordinaires, il ne prête qu'aux riches, je veux dire à ceux qui sont riches intérieurement! Es-tu un valet qui mendie pour se tirer de la misère, ou un roi qui exige un prêt pour accroître son royaume?

Va plus loin, même, et comprends que tu n'as pas à te battre avec ce banquier intérieur: car lui et toi ne faites qu'un.

Comme Verlaine recommandait de faire avec l'éloquence, prends la peur et tords-lui le cou! Au lieu de déployer ton génie à dresser l'effroyable inventaire de toutes les raisons pour lesquelles tu ne réussiras pas, de tous les obstacles auxquels tu pourras faire face sur ton chemin, emplis-toi de cette pensée, mieux encore de ce sentiment, de cette certitude que tout ce que tu entreprendras, tu le réussiras, que si tu es condamné à une chose, c'est... au succès!

Tous les matins en te levant, tous les soirs en te couchant, et ce, même si les choses ne se sont pas déroulées exactement comme tu le voulais pendant la journée, répète-toi, comme ta devise, comme ton porte-bonheur: «Je réussis tout ce que j'entreprends.»

Ces mots, répète-les jusqu'à ce qu'ils fassent partie de toi, jusqu'à ce qu'ils soient toi, car à la vérité, ils sont toi, les mots qui t'habitent, les mots qui te hantent.

Car les paroles que tu prononces, les pensées que tu ressasses composent le vêtement intérieur de ton âme. Et ce vêtement, s'il est invisible aux autres, la Vie, elle, avec une sûreté infaillible, le voit. Et si elle voit que tu es vêtu en roi, malgré tes actuelles conditions extérieures, elle n'a d'autre choix que de te traiter en roi et de t'amener sur un plateau d'argent mille fêtes et mille succès.

Jauge les outres de ton cœur, et si ce que tu vois ne te plaît pas, remplace sans attendre le vinaigre par le bon vin. Fais table rase de toute pensée négative et deviens le témoin ravi de la surprenante métamorphose qui s'opérera aussitôt en toi.

Essaie, au moins pour un temps, pour quelques jours, pour quelques semaines, de vivre seulement avec cette pensée, qui peut paraître simpliste, et pourtant que si peu de gens semblent capables d'entretenir durablement: «Je réussirai».

Avant d'aller plus loin, fais ce petit examen, que tu devrais d'ailleurs faire régulièrement et qui demande la plus grande honnêteté qui soit: l'honnêteté envers soi-même.

Demande-toi: *«Dans quel état d'esprit suis-je en ce moment?»*

Déprimé?

Aisément contrarié?

(Ce dernier état d'esprit, hélas, semble le lot de tous ceux qui passent leur vie à repousser toujours à plus tard le moment où ils feront ce qu'ils veulent vraiment faire: pas étonnant qu'ils soient constamment impatients... et aisément contrariés)!

Aigri?

Déçu de la vie?

Angoissé?

Envieux?

Si c'est le cas, si tu as laissé s'épanouir en toi ces états sombres de l'esprit, te rends-tu compte au moins que ces états ne sont pas forcément naturels, que tu n'es pas obligé de les accepter, mais que tu t'y es simplement... habitué?

«Dans quel état d'esprit suis-je en ce moment?»

Optimiste?

Confiant?

Serein?

Exalté?

Reconnaissant?

Amusé?

Libre?

Et si tu n'as pas fait de ces états brillants de l'esprit tes compagnons de tous les jours, des jours heureux comme des jours sombres, t'es-tu demandé au moins pourquoi?

As-tu pris les mesures pour que ces états fleurissent en toi aussi naturellement que les roses que tu aurais plantées dans une roseraie?

Et si tu ne l'as pas fait, comment peux-tu t'imaginer que tu auras un jour du succès?

As-tu déjà oublié que tu es à la fois le jardin et le jardinier, que l'épi de blé est déjà grand dans la main de celui qui sème avec confiance, et qu'il restera à jamais maigre dans une main torturée?

Te jettes-tu de véritables sorts?

Laisses-tu les autres t'en jeter en mésusant contre toi de la puissance du Verbe...?

Je ne sais si tu es golfeur, mais si tu l'es, tu sais sans doute comme moi que lorsque tu te prépares à un coup roulé, si tu as la conviction de le rater, il y a de fortes chances qu'effectivement tu le rates, même s'il est relativement simple. Que si par contre tu as la certitude de le réussir, même s'il est très long, même s'il est très difficile, tu multiplies pour ainsi dire magiquement tes chances de le voir disparaître au fond de la coupe.

À la vérité, les golfeurs qui excellent sur les verts sont un peu des espèces de fous dont le raisonnement défie les calculs des statisticiens. Combien y a-t-il mathématiquement de chances de réussir un roulé de vingt pieds? Peut-être une sur cent, une sur vingt pour les grands golfeurs? Et pourtant, lorsqu'ils ont vraiment besoin de cet improbable coup roulé pour triompher, lorsque l'issue du tournoi en dépend, ils parviennent à se convaincre qu'ils le feront, ils refusent de voir autre chose que la balle qui disparaît dans cette coupe lointaine, et la balle leur obéit comme par magie. Leur folie – et c'est le beau paradoxe du succès – est leur raison, alors que la sagesse du golfeur plus raisonnable le conduit à sa perte.

Si tu veux un jour acquérir la mentalité d'un millionnaire, indispensable aux grands succès, peu importe le domaine dans lequel tu te proposes d'œuvrer, il te faut accueillir en toi cette folie, il te faut la cultiver: c'est ton arme secrète.

Lorsque tu démarres dans la vie – ou dans n'importe quelle entreprise, c'est comme s'il y avait devant toi dix portes.

Neuf sur dix mènent à l'échec.

Une seule mène au succès.

Mais bien entendu, tu ne sais pas laquelle.

Angoissant, n'est-ce pas?

Oui, si tu penses comme tout le monde, et c'est pourquoi la plupart des gens restent sur place, de crainte d'ouvrir la mauvaise porte.

Mais le véritable millionnaire – en herbe ou déjà accompli, c'est pareil aux yeux de l'esprit! – ignore tellement les neuf portes de l'échec que, par une mystérieuse alchimie, il les fait disparaître: ne reste plus devant lui, brillante comme un soleil d'été, que la belle poignée d'or qui lui ouvre la porte du succès.

Mais à la vérité, il n'y a pas de miracle, ou s'il y en a un, c'est le miracle de l'esprit: ton monde est la création de ta pensée.

Demande-toi: «Et si ce qui me retenait de cueillir la belle pomme de la réussite, ce n'était que ma peur? Et si cette peur, il me suffisait de lui donner son congé, de la répudier pour que tout devienne un véritable jeu d'enfant...»

Pourvu, pourtant, que je plonge...

Pourvu, pourtant, que j'agisse...

Pourvu que tes projets et ta pensée profonde – ou pour utiliser un mot à la mode, ton subconscient – ne soient pas en contradiction.

Lorsqu'il marcha sur Rome, Hannibal eut l'idée, pour surprendre l'ennemi, d'utiliser trente-sept éléphants, bêtes d'autant plus effrayantes que les soldats romains n'en avaient jamais vu.

Mais le brillant général carthaginois savait que le pachyderme, malgré sa taille, s'effarouchait aisément, et pouvait alors piétiner ses propres troupes. Aussi munit-il les conducteurs d'un poinçon et d'un marteau, dont ils devaient, d'un seul coup dans la tête de l'animal, freiner toute retraite intempestive.

Ton subconscient est comme les éléphants d'Hannibal.

Sa puissance est formidable... lorsqu'il marche dans la bonne direction!

Mais si tu te laisses guider par la peur, si tu te laisses effaroucher par l'ennemi, cet éléphant se retourne contre toi et piétine tous tes projets.

Aussi il te faut ce poinçon et ce marteau: il te faut cette vigilance de tout instant pour répudier la peur et marcher victorieusement vers cette Rome que tu convoites depuis longtemps. Mais peut-être te laisses-tu impressionner, non pas par la peur de l'échec, mais par la vue du succès de ceux qui sont venus avant toi...?

Par exemple, tu regardes l'envergure de certaines entreprises florissantes et tu trouves la marche trop haute. Mais comme dit Lao-Tseu: «Un voyage de mille lieues commence par un premier pas.»

Et les débuts de ces entreprises qui t'impressionnent tant furent souvent fort modestes.

Soïchiro Honda, le fondateur du géant de l'automobile qui porte le même nom, n'était au départ qu'à la tête d'un atelier de réparation de bicyclettes.

Quoi de plus modeste?

Ray Kroc vendait des tasses de papier *Lily* lorsqu'il remarqua que les gens attendaient en ligne pour se procurer les hamburgers que les frères McDonald vendaient à leur petit kiosque californien.

Trop impressionnants comme débuts?

Lorsqu'il quitta sa Grèce natale pour se lancer en affaires, Aristote Onassis n'avait en poche que trois cents dollars qu'il avait d'ailleurs empruntés.

Es-tu si maladroit, si peu convaincant que tu sois incapable d'emprunter pareille somme, même en dollars d'aujourd'hui?

Mais moi, comment m'y suis-je pris?

Je n'avais ni argent, ni instruction, mais je croyais en ma bonne étoile, et pas un instant je ne me suis imaginé que je ne deviendrais pas la personne que je voulais devenir et qui ressemble passablement à celle que je suis effectivement devenue.

(N'en est-il pas de même pour la plupart des gens, s'ils sont honnêtes avec eux)?

Une pensée, une certitude un peu curieuse m'habitait. Et je m'en voudrais de ne pas t'avouer que mon souhait le plus cher serait non seulement que tu la comprennes, mais que tu la fasses tienne, que mieux encore elle devienne la base de ta philosophie nouvelle, la barque glorieuse avec laquelle tu pourras affronter sans souci toutes les tempêtes de la vie, et crois-moi, même avec les meilleures dispositions et le meilleur destin, elles sont nombreuses.

Cette certitude un peu étrange et que, je m'en rendis compte au cours des ans, si peu de gens partagent, qu'était-elle donc? À l'aube de ma vie, au moment de me lancer dans la grande, dans la passionnante aventure des affaires, je me disais, comme une mystérieuse incantation:

«Si je fais en sorte que rien ne m'atteigne, rien ne m'atteindra.»

Relis cette pensée et médite-la:

«Si je fais en sorte que rien ne m'atteigne, rien ne m'atteindra.»

C'est un programme audacieux, je n'en disconviens pas, et certains pourraient le condamner sous prétexte que c'est une morale d'égoïste.

Je crois plutôt que c'est une forme de stoïcisme, une sorte de détachement, une manière d'accueillir avec égalité tout ce que la Vie nous envoie, bon ou mauvais. Les scénaristes établissent l'équation suivante: Tragédie + temps = comédie.

Réfléchis à cette observation qui n'est pas dépourvue de bon sens. C'est sur le coup que les contrariétés, les malheurs t'accablent. Avec le temps tu les oublies, tu en minimises l'importance, et même, tu en viens souvent à les raconter avec humour, et à faire rire les autres de tes mésaventures.

Avec le temps, également, la pire chose qui t'est arrivée devient parfois la meilleure chose qui pouvait t'arriver.

Alors pourquoi ne pas utiliser une sorte de machine à voyager dans le temps, qui par la même occasion devient une véritable machine à bonheur, et te dire: «Ce qui m'accable aujourd'hui, demain j'en rirai, alors pourquoi ne pas en rire tout de suite?»

Je sais, tu n'es pas un robot, tu as des sentiments, et ce détachement ne peut te venir du jour au lendemain. Je te dis simplement: travailles-y.

Il te sera grandement bénéfique, non seulement dans ta vie personnelle, mais au travail, car tu pourras garder ton sang-froid, ton calme, alors que tout le monde autour de toi sera catastrophé: n'est-ce pas là la qualité qu'on recherche dans un chef?

Pour t'aider dans ta quête de ce détachement si utile, tu peux aussi te dire: «*Cette contrariété, cette déception, ce malheur, ce n'est pas à moi qu'il arrive mais à un autre que moi.»*

Et même si cela peut avoir l'air d'une attitude, d'une bravade, c'est en fait la vérité, car ton moi véritable, ton âme, si tu veux, est au-dessus de tous ces événements. Pour ton âme, l'échec n'est pas l'échec, ni le succès d'ailleurs, mais simplement une expérience instructive.

Que ce détachement ne te rende pas paresseux, bien entendu.

En fait, travaille sérieusement, mais ne te prends pas trop au sérieux.

Fais confiance à la Vie. Il y a, je sais, des horreurs innombrables, des injustices, de la souffrance, mais si tu affermis ton esprit, si tu l'élèves constamment par une lente et systématique discipline, tu verras se dégager la beauté de l'existence, tu verras la rose au milieu de toutes ces épines.

Tu verras des choses extraordinaires (des choses que je ne peux toutes te décrire, et que tu ne peux même pas imaginer encore) parce que tu auras commencé à voir la Vie avec les yeux de l'esprit.

Fais confiance à la Vie, parce qu'en agissant de la sorte, tu dis à la Vie que tu la trouves belle, que tu la trouves bonne, et elle, séduite, ne peut résister à tes compliments, et elle se donne à toi, et te récompense au-delà de toutes tes espérances.

Chapitre 4

Donne-toi
la véritable éducation

Je ne sais si tu as été longtemps à l'école, si tu as en poche ce petit bout de papier qu'on appelle un diplôme. Si tu en as décroché un, bravo, je te félicite, tu as fait preuve de discipline et tu as probablement fait de nombreux sacrifices pour mener à terme tes études.

Mais ne succombe pas à cette illusion trop facile de penser que ce diplôme te suffira pour réussir dans la vie. C'est un passe-partout fort utile, qui peut t'ouvrir bien des portes, je n'en disconviens pas, mais n'oublie pas qu'une fois que tu as franchi le seuil de la porte, tu n'es que dans le vestibule...

Il te faut maintenant retrousser tes manches et livrer la marchandise, comme on dit.

Soit dit en passant, que ce diplôme ne te monte pas à la tête. Tu rencontreras forcément des gens qui, pour diverses raisons, n'auront pas eu la chance, comme toi, de terminer leurs études. Ne fais pas l'erreur de les sous-estimer. Ne les regarde pas de haut. Premièrement, ils en prendront ombrage, et deuxièmement, ce faisant, tu te priveras possiblement d'une source formidable de connaissances: car ce qu'ils ont appris sur le tas vaut souvent son pesant d'or, d'autant que ça ne s'apprend pas sur les bancs de l'école. Pour que l'autre déverse en soi sa science – et chaque être que tu croises, même le plus modeste, a quelque chose de précieux à t'apporter – il faut s'incliner devant lui. Si on se met au-dessus de l'autre par notre stupide suffisance, comment pourrait-il emplir notre gobelet de sa sagesse?

Si par ailleurs les circonstances de la vie ont fait que tu n'avais pas de diplôme, que cela ne te freine pas, que cela ne refroidisse pas ton enthousiasme. Beaucoup de gens d'affaires, de grands artistes, n'ont pas usé longtemps les bancs de l'école et pourtant ils s'en sont tirés fort honorablement.

Pourquoi?

Parce qu'ils ont acquis l'éducation la plus importante: celle qu'on se donne à soi-même.

Or, comme dans les écoles on enseigne rarement l'art de la réussite – bizarre aberration! – il te faudra l'acquérir par toi-même.

Sans cet art, même tous les diplômes du monde ne te mèneront pas bien loin.

Mais avant toute chose, développe la mentalité du millionnaire, cette disposition singulière qui te permet de voir des opportunités dans tous les domaines, même ceux qui à première vue semblent peu lucratifs.

De les voir parce que, au premier chef, tu as compris qu'elles existaient, ces opportunités.

Parce que tu as compris que tous les jours en fait tu étais mis en présence de nouvelles possibilités de t'enrichir.

Et que ce n'est pas parce que les autres ne les voient pas qu'elles n'existent pas.

Ils ne les voient pas parce qu'ils... dorment!

Ou tout simplement parce qu'ils ne les cherchent pas.

Combien parmi tes amis ont passé une journée entière de leur vie à réfléchir sérieusement à la manière dont ils pouvaient faire plus d'argent?

Tu peux probablement les compter sur les doigts de la main, à moins bien entendu – et c'est la grâce que je te souhaite – que tu aies su t'entourer de gens qui ont la mentalité du millionnaire, qui voient que la vie peut être un jeu fascinant et non une suite déprimante d'obligations.

Tu connais sans doute cette phrase fameuse: «Tu ne me chercherais pas si tu ne m'avais pas déjà trouvé.»

Eh bien, la déesse de la richesse, si elle parlait, pourrait te dire exactement les mêmes mots.

Et si tu lis ce testament, avec intérêt, je l'espère, c'est que tu as senti en toi ces dispositions pour obtenir un succès éblouissant, c'est que tu sais qu'existe en toi comme dans la fameuse lampe d'Aladin, un génie qui peut t'apporter des richesses incommensurables.

Et à la vérité, et sans peut-être que tu le saches, tu as déjà franchi un grand pas que nombre de gens ne franchiront jamais parce que, hélas, ils ne croient pas au succès.

Alors que toi, tu as déjà commencé à te persuader que tu y étais condamné, jeune ami...

Mais voilà un autre conseil primordial: pour réussir dans ton domaine, fais tout en ton pouvoir pour y entrer le plus tôt possible.

Oui, le plus tôt possible...

Pas dans trois ans, pas dans un an, mais le plus tôt possible...

Aujourd'hui même si tu peux.

Et ce, même si c'est dans un poste modeste.

Comme secrétaire, commis, assistant, peu importe.

Pourvu que tu y entres.

Si tu veux attraper du poisson, il faut que tu sois sur le lac, dans ta chaloupe, et non pas dans ton salon à rêver de pêche miraculeuse!

Une fois que tu as le pied à l'étrier, efforce-toi d'apprendre chaque jour le plus de choses possible dans ton domaine, pour que bientôt tu en saches plus que les autres...

Oui, savoir...

Même dans des disciplines qui paraissent aussi peu intellectuelles que le golf, c'est souvent le savoir qui fait la différence entre un joueur professionnel et un amateur.

Je parcourais l'autre jour le magnifique livre de Tom Watson sur la *short game*. (Comme tu vois, je cherche encore à m'améliorer malgré mon grand âge)! J'ai été étonné de voir la quantité considérable de facteurs dont il tenait compte avant, par exemple, de réaliser un simple coup roulé. La pente bien entendu, le grain, mais aussi la manière dont le vert a été tondu (si la tondeuse est passée deux fois dans un sens et une fois dans l'autre, il fait une moyenne) et même la vitesse du vent... Bien sûr il y a le talent, il y a les milliers d'heures passées sur le vert d'exercice, mais il reste qu'en regardant un vert, le quintuple champion du *British Open* voit des choses que le golfeur moyen ne voit pas. De même, lorsque sa balle se retrouve dans une fosse de sable, puisqu'il a répertorié la douzaine de situations qui requièrent toutes un coup différent.

Chaque soir, demande-toi avant de te coucher: «*Qu'ai-je appris de nouveau dans mon métier?*»

«Qu'ai-je fait pour me perfectionner, pour affiner mes méthodes, pour développer mes contacts, ma clientèle?»

Bien souvent, ce qui de l'extérieur paraît le résultat du hasard ou de la chance est en fait la conséquence de l'application systématique... d'un savoir.

Puis-je me permettre de te donner un autre conseil en ce qui a trait à ton éducation?

Nous vivons, je sais, à l'ère de l'informatique, de la télé et du cinéma. Mais, je t'en conjure, consacre une partie de l'éducation que tu te donnes à la lecture.

Réserve chaque jour un peu de temps pour lire, même si c'est seulement une heure, une demi-heure.

Lis la vie des grands hommes que tu admires.

Nourris-toi de leur exemple, de leur philosophie, imprègne-toi de leur courage, de leur audace, de leur vision.

Oui, inspire-toi de l'exemple des grands.

Car ce faisant, c'est un peu comme si tu montais sur l'épaule des géants: malgré ta petite taille, tout de suite tu vois plus loin, comme si tu étais toi-même un géant!

Greg Norman voulait devenir le nouveau Jack Nicklaus.

Balzac a dit: «Je ferai avec la plume ce que Napoléon a fait avec l'épée!»

Tu vois, tous deux, même dans des domaines fort différents, ont suivi le même principe: ils ont d'abord été des êtres d'admiration avant de devenir des êtres admirables, suivant en cela cette loi fort ancienne qui dit que l'on devient ce qu'on contemple.

Lis donc, chaque fois que tu peux.

Mais essaie aussi de cultiver l'art d'écrire.

Comprends-moi bien. Je ne te demande pas d'écrire comme Hemingway ou Hugo.

Mais Buffon a dit: «Le style c'est l'homme.»

Alors ne fais pas un bouffon de toi en étalant ton ignorance dans une lettre truffée de fautes.

Apprends au moins à écrire convenablement une lettre d'affaires.

Cultive la concision, la précision, le style direct.

Les gens d'affaires sont comme toi: leur temps est précieux, ne le leur fais pas perdre.

Et surtout, lorsque tu écris une lettre et que tu veux obtenir quelque chose, un service, un contrat ou une faveur, souviens-toi du principe suivant: chacun ne recherche que son intérêt, (c'est la triste loi des affaires et de la vie!), alors si tu veux intéresser ton interlocuteur, représente-lui clairement ce que **lui** obtiendra en accédant à ta demande.

De même, si tu aspires à des postes élevés, si tu veux pouvoir un jour diriger des hommes, apprends à parler en public.

Tu meurs de timidité à la seule pensée de devoir adresser quelques mots à un groupe de trois personnes, et je te demande de savoir haranguer une foule?

Rappelle-toi l'exemple célèbre de Démosthène qui, jeune, était bègue, et qui pourtant, à force de volonté – et de pierres dans la bouche! – est devenu un des orateurs les plus célèbres de l'Antiquité!

Alors qu'est ta timidité en comparaison d'un pareil handicap?

Il n'y a rien qui ne puisse résister à ta volonté, si tu t'y appliques.

Peux-tu t'imaginer un chef d'entreprise incapable de s'adresser à ses employés, d'enchaîner trois mots sans bafouiller lamentablement? De quoi aurait-il l'air à leurs yeux? Qui sera prêt à le suivre, à se laisser enflammer par son discours si boiteux?

Alors sans tarder, apprends l'art oratoire. Profite de chaque occasion qui t'est donnée pour parler en public, même la plus anodine. Petit à petit tu bâtiras ta confiance, tu développeras ton talent. Comme dans tes lettres, cultive un style direct, simple, coloré. Fuis l'abstraction. Au lieu de dresser de longues listes de principes, raconte des anecdotes qui les illustrent. Mets des êtres humains, des pierres, des chiffres dans tes discours. Et cultive l'humour, ne sois pas trop sérieux: on admire et écoute plus longtemps l'orateur qui nous fait rire que, forcément, celui qui... nous endort!

L'éducation que tu te donnes serait incomplète, et tout ce que tu auras appris ne te serait peut-être pas bien utile, si tu négligeais une des clés fondamentales de la réussite: peu importe le domaine dans lequel tu œuvres, le service, le produit que tu offres, il faut que tu deviennes un bon vendeur.

Parce qu'il ne suffit pas d'avoir un bon service ou un bon produit – ou encore du talent – pour faire de l'argent: il faut que les autres le sachent et aient envie de l'acheter.

Oui, apprends à vendre, parce que c'est ce que tu feras toute ta vie, que tu le veuilles ou non, et plus tôt tu le comprendras, plus spectaculaire sera ton ascension.

Que fait un politicien qui harangue ses partisans? Il leur vend sa politique – ou sa candidature!

Et lorsque tu demandes à un banquier un prêt, que crois-tu faire sinon lui vendre la viabilité de ton projet – et ta propre compétence?

Pour être un bon vendeur, soigne d'abord ton image.

Ne porte que des vêtements impeccables qui reflètent ce que tu es, et ce que tu veux devenir, sans verser cependant dans l'excès qui te ferait passer pour un dandy, ou un homme outrageusement dépensier. Personne n'aime faire affaire avec cette sorte d'individus. En affaires, l'habit fait le moine. Alors n'hésite pas à investir dans tes vêtements. Si tu me connaissais, tu m'objecterais que je m'habille de manière bien excentrique. Je sais mais je suis vieux. Et riche. Alors fais ce que je te dis, et non pas ce que je fais.

Pour devenir un bon vendeur, rappelle-toi la loi première de la vente: pour que tu vendes bien ton produit ou ton service, il faut d'abord que... tu y sois vendu!

C'est ton enthousiasme pour ton produit qui donnera à l'autre l'envie de l'acheter.

Si tu n'achètes pas ton propre produit, pourquoi l'autre l'achèterait-il?

Et soit dit en passant, si ce que tu vends, tu n'en es pas fier; si tu ne le vendrais pas à ta mère ou à ton enfant, alors ne le vends pas davantage à un étranger, car tes affaires ne seront pas florissantes; et si elles l'étaient, tu n'en retirerais ultimement rien qui vaille dans ta vie personnelle: on récolte ce que l'on sème.

Enfin, dans ton éducation, souviens-toi que le monde moderne est en constante évolution, que tout change à une vitesse phénoménale. Si tu crois que ce que tu as appris à vingt ans te suffira toute ta vie, tu te leurres lamentablement.

Comme le phénix, renais de tes cendres, renouvelle-toi constamment, et dis-toi que tu ne cesseras d'apprendre que le jour où tu prendras ta retraite, et que tu auras déjà pris ta retraite le jour où tu auras cessé d'apprendre.

Chapitre 5

Fixe-toi des objectifs élevés

Tu as maintenant une vision claire de ce que tu veux faire, de ce que tu veux devenir.

Et plus rien ne peut t'arrêter: tu as surmonté tes peurs, et tu es prêt à foncer.

Mais avant de te jeter courageusement dans l'arène comme un gladiateur des temps modernes, emporte avec toi une arme précieuse et redoutable dont la simplicité apparente ne doit pas te leurrer: l'objectif.

Oui, il te faut un objectif!

Certes, ce ne sont pas tous ceux qui ont un objectif qui réussissent mais presque tous ceux qui réussissent en ont un.

À la vérité, – et tu le comprendras tout de suite – tes objectifs déterminent toute ton action.

Prends une feuille de papier et un crayon: c'est tout ce dont tu as besoin pour te livrer à l'exercice qui, peut-être, est le plus important de ta jeune carrière.

Oui, plume en main, prends quelques instants de réflexion, puis note le montant que tu crois pouvoir gagner cette année.

Mais attention, ne te précipite pas pour inscrire ce montant. J'ai bien dit ce que tu **crois** pouvoir gagner, et non pas ce que tu veux ou souhaites pouvoir gagner.

La différence, tu vois, est de taille.

Car ce que tu veux gagner, ce que tu aimerais gagner, ce pourrait être n'importe quoi, le montant le plus extravagant: cinq millions, dix millions, beaucoup plus, pourquoi pas!

Mais c'est une autre paire de manches lorsque le montant que tu inscris, c'est celui que tu **crois** pouvoir gagner.

Parce que tout de suite tu es confronté à ta limite mentale, et à l'image que tu as de toi.

Est-ce que tu te vois comme quelqu'un qui peut gagner 20 000 $, 50 000 $, 100 000 $, 500 000 $ par année?

Pourquoi pas 1 000 000 $ ou 5 000 000 $?

Si tu gagnes 25 000 $ par année, est-ce que tu crois que celui qui en gagne 250 000 $ travaille dix fois plus d'heures que toi ou est dix fois plus intelligent?

Non...

Alors quelle est la différence?

Je ne peux évidemment pas parler pour chaque individu, mais pour la plupart des hommes riches que je connais, ils ont dès le début de leur vie décidé d'œuvrer à un niveau où ils pourraient avoir des revenus considérables.

Ainsi, si tu es professeur d'école – et je m'empresse de préciser que je n'ai absolument rien, bien au contraire, contre cette profession hélas décriée de nos jours – il est assuré que tu ne gagneras jamais plus de... mais tu sais ce que gagne un professeur.

Aussi, si ton objectif est de gagner 100 000 $ par année, il est forcé que tu devras choisir un autre métier ou que tu devras avoir un passe-temps plutôt lucratif...

Tu vois, c'est ton objectif, et ton objectif à lui seul qui détermine ton action...

À partir du moment où tu as établi ton objectif (un montant et un délai), tu devras en tirer toute une série de conséquences, si tu veux être logique avec toi-même...

Par exemple, tu te diras, si je ne gagne actuellement que 30 000 $ et que je veux en gagner le double cette année, il va falloir que je modifie mes méthodes, que j'agrandisse mon territoire, ma clientèle, que je publicise plus efficacement mon produit ou mes services, je ne sais trop.

Tu comprendras que tu **dois** opérer des changements dans ta manière de faire ou de penser parce que si tu ne fais rien, tu n'atteindras pas ton nouvel objectif.

Est-ce que tu me suis?

Comme tu n'es pas là devant moi en chair et en os, je suis bien forcé d'imaginer que oui, et de toute manière, c'est logique, il me semble, alors tu ne devrais pas avoir trop de difficultés à me suivre, non?

La beauté de l'objectif, – et je souhaite que tu ne tardes pas à l'expérimenter – c'est que tu ne seras pas nécessairement obligé de travailler plus pour l'atteindre et que même, à ton étonnement ravi, il te suffira peut-être d'un travail facile et agréable, qui te semblera un véritable jeu, même, pour le réaliser.

Pourquoi?

Parce que tu te seras projeté par ton objectif vers une autre sphère d'existence et de revenus, où les semaines ne comptent pas plus d'heures...

Picasso a dit: «Un artiste n'est pas grand par ce qu'il fait mais par ce qu'il est.»

Il en est de même pour le millionnaire.

Parce que dès que tu te seras fixé cet objectif précis, (avec un délai et un montant), tu mettras en marche des forces mystérieuses de ton être. Tu donneras aussi un ordre à ton banquier intérieur, et lui, si ta certitude est absolue, si en un mot tu crois dur comme fer en ton objectif, ne se verra d'autre choix que de faire tout en son pouvoir (qui est immense, crois-moi) pour t'aider à le réaliser et même à le dépasser.

Alors, dis-moi, tu t'es livré à ce petit exercice?

Tu as noté un chiffre sur cette feuille de papier?»

Le jeune homme, en effet, excité par pareil langage, n'avait pu résister à la tentation d'inscrire un chiffre sur une feuille arrachée au bloc-notes du Millionnaire.

Il gagnait vingt mille dollars par année. Après mûre réflexion, il nota le montant qu'il croyait pouvoir gagner: 25 000 $.

Oui, 25 000 $, si du moins il parvenait à convaincre son patron de lui accorder une généreuse augmentation, ce qui était loin d'être acquis, car s'il avait la réputation d'être un homme juste, il avait aussi celle d'être plutôt parcimonieux lorsque venait le temps de rétribuer ses employés.

Au moment même où il avait noté ce chiffre, le jeune homme avait tressailli: 25 000 $!

Il n'avait osé écrire que 25 000 $.

À ce compte-là, son million, son beau petit million, il ne l'atteindrait jamais: il lui faudrait une éternité.

Il commençait juste à comprendre ce que le Millionnaire avait voulu dire en parlant de la puissance extraordinaire de l'objectif...

Il lui fallait faire preuve de plus d'audace.

Combien croyait-il pouvoir gagner réellement?

Il réfléchit quelques secondes et inscrivit enfin le montant 35 000 $.

Oui, 35 00 0 $, ce qui était 15 000 $ de plus que ce qu'il gagnait déjà...

Il sourit: c'était excitant.

Mais sa bonne humeur fut de courte durée.

Car tout de suite il se fit le raisonnement suivant: «*Ce ne sera certes pas en demeurant chauffeur de limousine que je pourrai gagner ce salaire. C'est ce que font les chauffeurs les plus expérimentés de l'entreprise, qui ont deux fois mon âge.*»

Il lui faudrait faire autre chose: mettre à exécution son plan et tenter de racheter l'entreprise de son patron...

Il s'empressa de reprendre sa lecture.

«Quel montant as-tu donc noté, jeune ami?

Va le plus loin possible.

Inscris le montant le plus audacieux, le montant le plus élevé en lequel tu crois, je veux dire, que tu croies pouvoir atteindre.

Maintenant comment te sens-tu?

Si tu te sens inconfortable d'inscrire un montant plus élevé, c'est que tu as atteint ta limite.

Tu t'es arrêté à 30 000 $?

À 50 000 $?

À 100 000 $?

Contemple pour un temps ce montant: c'est ce que, **dans ton esprit**, tu crois valoir.

Pas un dollar de plus, pas un dollar de moins.

J'ai accentué les mots: **dans ton esprit**.

Il y a une raison bien entendu, que tu as sans doute devinée, et c'est un bel exemple où la réponse est déjà contenue dans la question, comme l'amande dans son écaille, qu'il ne suffit que d'extraire, si tant est qu'on s'en donne la peine.

Oui, c'est dans ton esprit et **dans ton esprit seulement**, que cette limite est inscrite, que cette croyance est établie.

Et c'est donc dans ton esprit, et dans ton esprit seulement, qu'il va falloir travailler pour que la métamorphose se produise dans ta vie et que tu deviennes millionnaire.

Commences-tu à comprendre ce qu'on veut dire lorsqu'on dit qu'on est d'abord millionnaire dans son esprit avant de le devenir sur papier?

Et comprends-tu maintenant pourquoi il est si difficile de le devenir sur papier quand on n'a pas commencé par l'être dans sa tête?

71

Mais je te rassure tout de suite.

Même si tu t'es arrêté rapidement, si l'objectif que tu t'es fixé n'est pas extrêmement audacieux, ce n'est pas grave.

Comme on dit, il faut bien commencer quelque part.

Et si déjà tu t'es accordé une «augmentation» de 30 % ou de 50 % ce n'est pas si mal, non?

Le plus important, c'est que tu y croies, sinon toute ton action sera fausse, et tu n'iras nulle part.

Une dame un jour vint me trouver.

Elle avait la semaine précédente assisté à une petite allocution que j'avais prononcée devant quelques étudiants et leurs parents.

«Cher Millionnaire, me confia-t-elle, cette semaine je devais rencontrer mon futur employeur pour discuter de mon salaire. Avant de vous rencontrer, je m'étais dit: 25 000 $, je refuserai toute proposition inférieure à 25 000 $! Mais après vous avoir entendu, je me suis dit: Pourquoi ne pas lui demander 40 000 $, à la place? Et vous savez, quoi?

– Il a fait une dépression nerveuse? ai-je demandé pour la taquiner.

– Non, il me les a donnés, ces 40 000 $!» Je l'ai félicitée et je me suis réjoui de ce qui n'était qu'une autre illustration – et j'en ai vu des milliers dans ma vie – du principe que je viens d'exposer.

Eh oui, 15 000 $ de plus pour... quelques secondes de réflexion et le début d'une révolution intérieure!

N'est-ce pas formidable?

Et le plus beau, c'est que le travail de cette femme sera rigoureusement le même que si elle avait accepté un salaire de 25 000 $!

Maintenant, jeune ami, inspire-toi de l'exemple de cette femme et demande-toi: «*Si, au lieu de m'arrêter à 40 000 $ comme elle, je m'étais rendu jusqu'à 100 000 $ ou 1 000 000 $...*»

Que se passerait-il dans ta vie?

Que se passerait-il dans ton esprit?

Ne crois-tu pas qu'il vaille la peine que tu te le demandes?

Juste pour voir...

Je sais bien que l'argent n'est pas l'étalon avec lequel on devrait juger de la valeur d'un homme même si c'est ce que font trop de gens...

Mais si pour le même nombre d'heures de travail – et de surcroît pour un travail plus gratifiant, plus exaltant – tu reçois un salaire deux fois, dix fois plus élevé, qu'y a-t-il de mal à cela? N'est-ce pas le triomphe de l'astuce, de l'esprit?

Mais avant de poursuivre, demande-toi: ce qui te retient d'être allé plus haut, d'être allé plus loin dans l'établissement de ton objectif, n'est-ce pas cette honte toute puritaine de gagner trop d'argent, ou d'en gagner plus que tes amis ou que ton père?

Alors, lorsque tu te fixes tes objectifs, n'aie pas peur de... te prendre pour un autre, si tu me passes l'expression.

Oui, prends-toi pour cet autre que tu crois pouvoir devenir... et en lequel personne ne croit sauf toi!

C'est plus important que tu croies en toi alors que cent personnes n'y croient pas, que cent personnes croient en toi alors que toi tu n'y crois pas.

En établissant tes objectifs, inspire-toi à nouveau de l'exemple des bons golfeurs.

Lorsqu'il a un coup roulé, disons de droite à gauche, que fait le golfeur professionnel? Il s'assure de viser à droite de la coupe, bien entendu, mais surtout plus haut, de manière à augmenter ses chances de réussite parce qu'il sait très bien que même s'il a la bonne force, s'il ne vise pas suffisamment à droite, il n'a pour ainsi dire aucune chance de voir la balle disparaître dans la coupe. S'il rate son coup, il veut, en langage de golf, le rater du «côté des pros».

Donc en haut de la coupe.

Fais la même chose avec tes objectifs.

Ne crains pas d'être audacieux, de viser haut.

Ce n'est pas grave si tu rates de peu, au moins tu auras raté du «côté des pros», qui est celui des millionnaires.

Et si ça peut te consoler, tu te retrouveras de toute manière avec plus de revenus que si tu avais fait preuve d'un déplorable manque d'ambition, de confiance en toi et que tu avais visé trop bas.

Une fois que tu auras atteint ton premier objectif, vise plus haut, et tu verras bientôt que l'objectif qui te paraissait inaccessible il y a quelques années, ou même quelques mois, maintenant est à portée de la main.

Et n'oublie pas, sois audacieux: un millionnaire est grand non pas par ce qu'il fait mais par ce qu'il est... et par les objectifs élevés qu'il se fixe!

Chapitre 6

Persévère

L e jeune chauffeur de limousine releva la tête. Il était un peu étourdi par tout ce qu'il venait de lire.

Et puis, après une heure d'immobilité – qui avait d'ailleurs passé comme dix minutes – il avait envie de se dégourdir les jambes.

Il sortit, resta quelques instants sur le perron, comme s'il était chez lui. Ce devait être particulier d'habiter une demeure aussi vaste.

Au bord de l'eau.

Avec en plus un terrain de golf privé.

Un terrain de golf...

Il était assez amateur du noble sport pour ne pouvoir résister à l'envie soudaine qui était montée en lui de faire quelques coups roulés sur le vert du dix-huitième.

Quand il raconterait à ses amis qu'il avait joué sur un terrain privé, pas n'importe lequel d'ailleurs mais celui du Millionnaire, personne sans doute ne le croirait!

Il marcha d'un pas impatient jusqu'au vert, s'empara du fer droit, et, comme il n'avait pas de gant de golf, eut l'idée d'enfiler le gant que le Millionnaire avait oublié dans sa limousine la veille. Bien sûr, les professionnels retiraient leur gant sur les verts, et aussi la plupart de ses amis golfeurs, mais lui préférait «*putter*» avec un gant. Le gant du Millionnaire n'était pas un gant de golf, certes, mais son cuir était si fin qu'il faisait parfaitement l'affaire...

La balle qui avait été abandonnée sur le vert par le Millionnaire – c'était à tout le moins la supposition du jeune homme – se trouvait à quatre pieds seulement de la coupe.

«Tiens, se dit le jeune homme, complétons le parcours du Millionnaire en calant ce coup roulé!»

Il tirait une sorte de gloire secrète, ou en tout cas une excitation certaine de ce petit exploit qu'il s'apprêtait à réaliser. Plus facile à dire qu'à faire, fut-il forcé de constater lorsqu'il se mit à examiner la situation!

Certes, le coup était plutôt court: quatre pieds. Mais tout golfeur sait que certains roulés de quatre pieds sont de véritables cauchemars et les troqueraient volontiers pour des roulés plus longs.

78

D'accord, la trajectoire de la balle, assez accentuée, devait aller de droite à gauche, ce que la plupart des golfeurs (du moins droitiers) préfèrent à un roulé de gauche à droite mais il descendait considérablement. À la vérité, la dénivellation entre la coupe et la balle devait bien être... d'un pied! De quoi donner des soucis à bien des golfeurs, même expérimentés!

Et puis, le vert était coupé fort court, et ressemblait à un véritable tapis de billard!

Pour les coups roulés qui descendent sévèrement, surtout lorsqu'ils sont courbés, le golfeur doit toujours faire un choix.

Ou il joue assez fermement la balle, sans trop lui donner d'inclinaison, en «jouant le trou» comme on dit: la trajectoire de la balle est alors plus prévisible mais alors le golfeur risque, s'il rate la coupe, de la dépasser considérablement et de se retrouver avec un coup roulé de retour plus long que le premier.

Ou bien, second choix, le golfeur ne fait pour ainsi dire que mettre la balle en mouvement, en lui donnant une courbe plus forte. Il risque moins ainsi de dépasser indûment la coupe, mais en revanche la trajectoire de sa balle est beaucoup plus incertaine parce que la balle risque davantage de subir les imperfections du vert.

Le jeune chauffeur de limousine connaissait ce dilemme que rencontre tout golfeur en pareille situation. Mais il était jeune et par conséquent audacieux, aussi choisit-il d'opter pour le roulé rapide, même s'il était en descendant.

Il aligna assez rapidement son coup puis frappa la balle, qui se mit à rouler de plus en plus vite, tourna vers la coupe. Un moment il eut le sentiment qu'il réussirait ce coup roulé difficile dès le premier essai, ce qui l'emplit d'une fierté toute légitime, mais qui fut brève, car au lieu de disparaître au fond de la coupe, la balle rata l'objectif de quelques centimètres et continua sa course pour ne s'immobiliser enfin que... dix pieds passé la coupe!

Le jeune homme haussa les sourcils.

Il n'en revenait pas. Il avait bien vu que le vert était rapide, mais à ce point-là...

Ce n'était pas un vert mais une véritable patinoire...

Son orgueil piqué, – et l'orgueil de tout golfeur digne de ce nom l'aurait été – il s'empressa de récupérer la balle, la replaça exactement au même endroit, puis tenta à nouveau le coup roulé mais en frappant cette fois-ci la balle un peu moins fort.

Sa course lui parut prometteuse, mais il rata à nouveau la coupe de peu et la balle cette fois-ci s'immobilisa... huit pieds passé le drapeau! Guère plus brillant que son premier essai! De toute sa vie il n'avait vu un vert aussi rapide! Il n'en revenait pas!

Mais il n'était pas pour s'avouer vaincu. Il lui fallait résoudre l' «énigme» de ce coup roulé...

Il récupéra la balle, et cette fois-ci avant d'aller la replacer, il s'agenouilla, non pas pour implorer les dieux du golf de se montrer cléments à son endroit mais pour faire ce qu'il aurait dû faire dès le premier coup: examiner son roulé de l'autre côté du drapeau! La pente, observa-t-il immédiatement, était bien plus sévère qu'il ne l'avait pensé. Il sourit: voilà pourquoi ses roulés ne semblaient jamais vouloir s'arrêter lorsqu'il ratait la coupe.

Il fallait frapper beaucoup moins fort, mais comme une balle lente subit davantage la courbe du vert, il fallait également viser plus à droite que lors des premiers essais.

Le jeune homme se prépara attentivement à son coup, se concentra surtout sur la force, plus que sur l'alignement, puis frappa la balle. Elle démarra fort lentement, prit de la vitesse en tournant vers le trou, mais passa à sa gauche et, malgré la délicatesse du coup, elle continua encore quatre pieds.

C'était à n'y rien comprendre!

Le jeune homme enrageait

«Je vais faire ce coup roulé!» grommela-t-il.

Il récupéra la balle, qu'il ne manqua pas d'invectiver copieusement comme si elle était personnellement responsable de ses déboires, et reprit sa position à quatre pieds de la coupe.

Cette fois-ci, il changerait de stratégie, il opterait pour la finesse, pour la douceur. Il se jura même que jamais la balle ne dépasserait la coupe. Il ne ferait que la «mettre en mouvement» comme on dit.

Il tint promesse, mais un peu stupidement, si on en juge par le résultat. Il ne dépassa pas la coupe, mais la balle ne parcourut qu'un pied... avant de s'arrêter!

Si bien qu'il lui restait encore un coup roulé descendant de trois pieds, presque aussi difficile, presque aussi effrayant que le précédent.

À nouveau il jura.

Sans quitter sa position, d'un simple coup de revers de son fer droit, il récupéra la balle: il fallait jouer doucement mais pas à ce point.

Il joua un peu plus fort mais eut une sorte de spasme musculaire, et il ne tarda pas à comprendre qu'il avait fait la même erreur qu'aux premiers essais. Il avait frappé la balle beaucoup trop fort, mais cette fois-ci, pourtant, – pour une fois! – elle se dirigeait vers la coupe. Il allait enfin réussir ce foutu coup roulé. La balle toucha effectivement la coupe mais contre toute attente ne s'y enfonça pas, à la place tourna et alla s'immobiliser à quatre pieds du côté gauche de la coupe, laissant cette fois-ci le jeune homme avec un coup de roulé de retour presque impossible!

Il était ahuri.

Dans un état qui confinait à la rage, il essaya encore quatre ou cinq fois le coup roulé mais sans jamais parvenir à le caler.

Cela parlait au diable.

Il en eut bientôt assez. S'il continuait, il perdrait tout à fait son calme.

Il replaça avec résignation la balle et le fer là où il les avait pris quelques minutes plus tôt, retira pensivement le gant du Millionnaire qu'il glissa dans la poche arrière de son pantalon. Et il resta un instant à contempler le vert, perdu dans ses pensées. C'était hallucinant ce qu'un simple petit roulé de quatre pieds pouvait faire aux nerfs – et à l'orgueil ! – d'un golfeur ! Bien sûr, il n'était pas un grand golfeur, mais il pensait bien qu'après une dizaine d'essais il réussirait à caler ce satané roulé !

Mais après tout, il n'était pas pour sacrifier toute sa matinée à se battre avec ce coup impossible.

Frustré, encore médusé, il retourna à la bibliothèque du Millionnaire, se rassit à la table, tourna la page et éprouva un certain malaise, un frisson même, en lisant le titre du nouveau chapitre, si du moins on pouvait appeler ainsi les différents volets de ce singulier testament: PERSÉVÈRE.

Quel curieux hasard, que ce fussent ces mots qui se trouvaient en tête de cette page nouvelle alors qu'il avait peut-être renoncé un peu trop tôt à caler ce roulé difficile !

Mais ce n'était peut-être qu'une coïncidence, après tout, comme il y en avait tant dans sa vie depuis un certain temps.

Il reprit sa lecture.

«Tu as fait *sub specie aeternitatis* (il eut un sourire: maintenant il savait ce que voulaient dire ces mots latins qui la veille encore lui auraient semblé cabalistiques) le choix de ta carrière: c'est du moins mon souhait le plus cher...

Tu as choisi ce qui sollicitait tes talents les plus élevés, même si c'est audacieux et que tout le monde te déconseille de suivre cette voie escarpée: si j'étais cynique, je te dirais que c'est précisément parce que tout le monde te le déconseille que justement tu devrais le faire!

Tu t'es fixé des objectifs audacieux et tu n'as pas craint de faire le grand saut, jugulant l'insidieux démon de la peur.

Mais voilà...

Les choses ne se déroulent pas aussi facilement que tu l'aurais voulu, et ce, malgré toutes tes bonnes dispositions.

Tu as fait face à un premier obstacle de taille, un obstacle que tu es parvenu à régler, mais seulement tu te rends compte qu'une autre difficulté encore plus considérable t'attendait, ou encore une déception. Tu espérais un prêt de ton banquier, un de tes associés vient de te laisse tomber, si ce n'est un client important.

Ou encore, le contrat fabuleux que tu étais certain de décrocher t'a échappé au dernier moment...

J'ai envie de te dire: *Welcome to the Club!*

Oui, bienvenue dans le club de ceux qui entreprennent des choses, qui prennent des risques. Car, comme on dit, il n'y a que ceux qui ne tentent rien qui n'éprouvent jamais l'échec, mais est-ce une grande gloire, ou n'est-ce pas plutôt la marque de commerce des pusillanimes?

Si la majorité des gens échouent, c'est qu'ils se découragent au premier échec, à la première difficulté – lorsqu'ils ne se sont pas découragés avant même de débuter, ce qui est tout aussi fréquent!

À la vérité, c'est souvent à sa capacité exceptionnelle d'endurer la frustration de l'échec qu'on reconnaît celui qui récoltera les plus hautes récompenses.

Le journal que tu peux trouver le matin à la porte de presque tous les hôtels des États-Unis, – tu as reconnu le *USA Today* – sais-tu qu'il fallut à son fondateur plus de sept ans pour l'imposer, et commencer à faire des profits? S'il avait laissé tomber au bout de trois ans, de cinq ans, jamais il n'aurait connu cet éblouissant succès.

Bien sûr, me diras-tu, il avait les reins solides, puisque c'est Gannett, un des plus gros imprimeurs d'Amérique, mais chacun selon son échelle et ses moyens, et ce qui vaut pour les grandes entreprises vaut souvent pour les petites.

Devant un échec, un obstacle, demande-toi: «*Ne me suis-je pas laissé décourager trop vite, ai-je vraiment tout essayé?*»

Laisseras-tu les circonstances te vaincre ou à la place ne persévéreras-tu pas jusqu'à ce que tu triomphes?

À la vérité, toutes les entreprises que tu vois aujourd'hui, tous les produits que tu consommes n'auraient pas vu le jour sans la persévérance de ceux qui y ont cru au début.

C'est comme si la Vie voulait éprouver ta foi, tester ton caractère. Ce que tu lui demandes, elle ne te le donne pas tout de suite, mais si tu insistes, si elle voit que tu ne renonces pas, que tu ne renonceras jamais, à la fin elle se lasse et te l'offre sur un plateau d'argent.

Venise, que des touristes du monde entier visitent chaque année, a construit sa richesse grâce à sa puissance maritime et marchande. Les Vénitiens, tu le sais, achetaient en Orient des produits exotiques – épices, soieries, sel, etc. – qu'ils revendaient à fort prix dans toute l'Europe et connurent leur apogée au XVIe siècle, baptisé à juste titre l'Âge d'or.

Ce peuple de marins qui, au départ, s'étaient carrément établis dans des marécages boudés par tout le monde, ne possédaient ni terres ni richesses premières (comme les Japonais, du reste, dont le pays entier était rasé après la guerre!) mais firent contre mauvaise fortune bon cœur, ou plutôt, si tu me passes l'expression, bon esprit: car ils possédaient un esprit aventureux et aussi une persévérance hors du commun. Les historiens ont en effet découvert que ce qui avait fait le succès exceptionnel des habitants de la Sérénissime (c'est ainsi, jeune ami, qu'on appelait Venise) était, tout en conservant toujours le même objectif, de varier avec souplesse la manière de l'atteindre.

Relis cette phrase, je t'en prie, car elle me semble capitale: Le secret du succès des riches Vénitiens était... **tout en conservant toujours le même objectif, de varier avec souplesse la manière de l'atteindre.**

Que font la plupart des gens, dis-moi?

Exactement le contraire!

Premièrement, la plupart n'ont pas d'objectif précis, et puis, lorsqu'ils en ont un, ils y renoncent ou l'oublient dès qu'ils font face à une première difficulté, un premier obstacle.

Mais toi, sois différent! Dis-toi que tu seras différent, dis-le-toi tous les jours, devant chaque difficulté, chaque contretemps. Ne baisse pas les bras, au lieu de cela, inspire-toi des astucieux et tenaces Vénitiens, et toi aussi tu auras ton Âge d'or!

Oui, comme les Vénitiens, contre vents et marées, garde toujours en tête le même objectif mais varie avec souplesse la manière de l'atteindre.

Devant un obstacle, un refus, demande-toi: *«Quelle autre méthode pourrais-je essayer? De quel moyen pourrais-je user pour parvenir à mes fins?»*

Prends une pause bien entendu pour accuser le coup, mais dès le lendemain, relève-toi et remets-toi vaillamment en route. Vois dans cet échec une simple étape, désagréable sans doute mais nécessaire, sur le chemin de ton infaillible succès. Va plus loin même, vois le bénéfice secret de cet échec: à chaque épreuve nouvelle, tu affermis ta résolution, tu trempes ton caractère, et tu apprends aussi une nouvelle manière de ne... pas faire une chose! Ce n'est pas un mince profit, même si ce faisant... tu as perdu de l'argent!

Dans chaque situation, dis-toi qu'il y a un moyen, qu'il doit y avoir un moyen d'obtenir du succès et convaincs-toi que tu le trouveras.

Lorsque tu connais l'échec, lorsque le découragement est sur le point de s'emparer de toi, repose-toi sur ce principe profond: une porte se ferme, une autre s'ouvre.

Oui, une porte se ferme, une autre s'ouvre.

La Vie, tu vois, en sait plus long que toi, même sur tes projets les plus intimes.

Alors parfois, malgré toute ta bonne volonté, tu ne prends pas la route la meilleure, et tu te frappes à un mur.

Ne te décourage pas. Reste ferme et serein dans ta résolution, malgré les contretemps.

Et tu verras alors une autre porte s'ouvrir magiquement devant toi, une porte dont tu ne connaissais même pas l'existence, et que tu n'aurais jamais pensé ouvrir: et pourtant c'est celle qui te mène le plus facilement à cette Venise glorieuse que tu avais en tête depuis le début.

Lorsque tu te heurtes à un mur, rappelle-toi de cet autre marin: Christophe Colomb. Lorsqu'il se mit en route, après avoir dû se battre pendant des mois pour réunir les fonds pour son voyage, il pensait trouver la lucrative route des Indes: il a découvert l'Amérique!

Une porte se ferme, une autre s'ouvre.

Et puis, plus tu t'élèveras dans les sphères spirituelles, plus tu verras la perfection de la Vie et des chemins qu'elle te fait prendre. Ce qui t'avait d'abord paru, dans ton découragement, un détestable détour était souvent le chemin le plus court.

Un obstacle dont tu te serais passé?

C'était la halte nécessaire pour acquérir le passeport indispensable à une nouvelle et exaltante étape du voyage!

Oui, à partir du moment où tu verras toute chose, même le plus petit événement de ta vie, avec les yeux de l'esprit, tu accueilleras tout avec la même sérénité. Et ce qui paraîtra aux autres un échec, tu le recevras avec égalité, tu le contempleras même avec un contentement ému: c'est ta vie, toute ta vie, rien que ta vie, dans sa mystérieuse et profonde beauté! C'est le chemin que ton âme immortelle te fait emprunter pour que tu retournes jusqu'à elle!

Une porte se ferme, une autre s'ouvre.

Fort de cette certitude, persévère, malgré les vents contraires, malgré les noirs avis de ceux qui t'entourent et qui ont vu tout de suite dans le premier de tes échecs la confirmation de ce qu'ils pensaient déjà de toi et de tes projets: que tu étais condamné à l'avance sans même le savoir!

Prouve-leur qu'ils ont tort, qu'au contraire l'avenir t'appartient, et que ce n'est qu'une question de temps avant que tu fasses tienne cette magnifique toison qui déjà est tienne... si du moins tu ne te laisses pas décourager, si du moins tu persévères jusqu'à ce que ta main ravie s'en empare.

Car toi, tu sais ce que les autres se refusent de voir: le fruit que tu veux cueillir, tu l'aperçois si clairement, il est déjà si réel devant tes yeux, que c'est comme s'il était déjà dans ta main!

Ensuite, ceux qui n'ont pas cru en toi s'étonneront de ton succès, ils l'attribueront à la chance alors que tu auras simplement été celui qui continue à aller de l'avant alors que tout le monde s'est arrêté depuis longtemps parce que c'était plus «sage» de s'arrêter, parce qu'il fallait être fou pour continuer.

Si c'est effectivement ce qu'il faut, soit, reste fou, envers et contre tous: tu es un sage aux yeux de la Vie.

Apprends de tes erreurs, comme on dit.

Mais ne néglige pas la leçon plus rare et souvent mésestimée qu'on tire de ses succès, et du succès des autres, bien entendu...

Analyse le succès, tente de le comprendre, d'en percer les principes. Plus tu avanceras dans son étude, plus tu comprendras qu'il n'est pas tellement le fruit du hasard ou de la chance, mais plutôt la conséquence pour ainsi dire inévitable d'une attitude précise et de l'application de certaines règles éternelles.

Persévère, parce que toujours, si tu vas ton chemin sans te laisser abattre par le démon du découragement, ce terrible état sombre de l'esprit: une porte se ferme, une autre s'ouvre.

Et puis, lorsque tu vois l'échec et le succès de la même manière, alors il n'y a plus de portes, il n'y a que de la lumière.

Persévère jusqu'à ce que tu vives en permanence dans cette lumière, car c'est ton état véritable.

Chapitre 7

Développe ta bonté fondamentale

Lorsque Marco Polo revint de son second périple chinois, il y avait tant d'années qu'il avait quitté sa Venise natale que ses amis, ses parents même ne le reconnurent pas. Il faut dire que, de manière à ne pas attirer l'attention des voleurs de grands chemins, il portait des haillons, dans lesquels il avait astucieusement cousu, pour les dissimuler, d'innombrables pierres précieuses. Et ce n'est que lorsqu'il fit l'étalage de cette véritable fortune que tous crurent en ses récits fabuleux. (Ses récits, qu'il dicta à un prisonnier lorsqu'il fut incarcéré par les Génois, parurent d'ailleurs si extraordinaires à ses contemporains qu'on commença bientôt à appeler Marco Polo, le Millionnaire, comme on le fit avec moi! Il faut dire que le célèbre voyageur avait pour ainsi dire couru après, car il fit porter à son ouvrage le double titre suivant: *Le Livre des merveilles du monde*, et... *Le Million*)!

Tu vois, jeune ami, un millionnaire en herbe est un peu comme ce valeureux Marco Polo au retour de son incroyable périple. Il a l'air pauvre, il ne porte que des haillons, personne ne croit en lui. Mais il a, cousu dans son vieux manteau, d'innombrables pierres précieuses.

Et que sont ces pierres précieuses?

Ce sont les états brillants de l'esprit qu'il possède, ou qu'il a astucieusement et patiemment commencé à cultiver.

Rappelle-toi ce que Picasso a dit de l'artiste, et ce que je me suis permis, après lui, de dire du millionnaire véritable:

«Il est grand non pas par ce qu'il fait ou ce qu'il possède mais par ce qu'il est.»

Et c'est précisément pour cette raison que le grand Henry Ford a dit un jour: «Ôtez-moi tout ce que je possède et dans cinq ans j'aurai rebâti mon empire.»

Et il a dit aussi: «Tout ce que j'ai fait, je l'ai fait simplement pour démontrer la puissance de l'esprit humain!»

Alors, inspire-toi de la philosophie de ces grands, et dès aujourd'hui, comme si c'était pour toi une tâche capitale – et c'est la tâche la plus importante qui soit en vérité – applique-toi à développer tes qualités intérieures, les états brillants de ton esprit, pour que les facettes de ta personnalité brillent comme autant de joyaux, garants de ta fortune future.

Et d'abord, si tu m'en crois, développe une des plus importantes qualités, dont peu de gens, hélas, parlent en notre époque par trop individualiste: ta bonté fondamentale.

Oui, ta bonté fondamentale, en chaque circonstance, avec chaque individu, cultive-la.

Pourquoi est-ce que j'appelle cette bonté ta bonté fondamentale?

Parce qu'elle est en toi, qu'elle fait partie intime de toi, mais elle est comme un trésor ancien perdu au fond des mers, et tu l'as oubliée, comme l'ont oubliée la plupart de tes contemporains, ce me semble, et c'est peut-être une des raisons pour lesquelles le monde est ce qu'il est.

Tu vois, on regarde souvent le millionnaire comme un homme avaricieux, obsédé par le gain, par l'argent. Et il est vrai que certains millionnaires correspondent à ce portrait peu flatteur. Et il est vrai que certains hommes ont fait fortune en agissant de la sorte. Mais cette fortune ainsi acquise leur a-t-elle apporté le bonheur? J'en doute.

Mais le véritable millionnaire est autre: il est celui qui se lève avant les autres, et qui se couche alors que les autres déjà s'amusent depuis longtemps. Il est celui qui fait d'immenses sacrifices, qui prend des risques énormes, alors que les autres ne pensent qu'à leur petite sécurité. Il est celui qui est prêt à tout perdre sur un simple coup de dés, qui part intrépidement au front alors que mille personnes lui ont répété que c'est insensé, qu'il n'en reviendra jamais.

Il est celui qui se donne à cent pour cent, jour après jour, et qui ne se laisse aucune chance de retraite: c'est vaincs ou meurs!

Il est celui qui ne se soucie pas d'être tombé cent fois parce qu'il se relèvera cent fois et aussitôt se remettra en marche.

Comme lui, donne-toi corps et âme, cultive ta bonté fondamentale.

Oui, cultive cette bonté qui est la vérité lumineuse de ton être, car c'est en aidant les autres à obtenir ce qu'ils veulent que tu obtiens ce que tu veux.

Dans chaque situation, ne te demande pas d'abord, quel profit puis-je tirer, mais comment puis-je aider?

Comment puis-je régler le problème de celui que je rencontre?

Comment puis-je faciliter sa vie, la rendre plus belle, plus douce?

Comment puis-je le faire prospérer?

Si tu doutes, fais-en pendant un mois l'expérience, et vois, avec étonnement, ce qui en résulte dans tes propres affaires.

Et lorsque tu accomplis une bonne action, un geste noble, pas besoin d'en faire la publicité: la Vie est un comptable bien plus clairvoyant que tu ne crois et te repaiera au centuple.

Ne crois pas que ta bonté t'appauvrira.

Elle est, cette bonté fondamentale, comme un coffre secret que tu portes en toi, rempli d'innombrables pièces d'or.

La plupart des gens gardent ce coffre fermé, et ne comprennent pas que c'est la raison pour laquelle toute leur vie ils vont d'un pas lourd, le dos voûté par l'effort, le front soucieux. Mais comment pourrait-il en être autrement puisqu'ils portent constamment ce coffre secret comme un véritable boulet?

Mais toi, plus avisé, tu as compris que chaque fois que, exprimant ta bonté, tu donnais une pièce d'or, ton fardeau forcément était moins lourd, tu allais d'un pas plus léger, plus glorieux, vers la liberté que seule procure la véritable richesse: plus on donne, plus on reçoit.

Le bien que tu répands autour de toi, non seulement il te revient multiplié mais il te porte chance. Comme une véritable amulette, il te protège et protège ceux que tu aimes de certaines infortunes du sort par quelque loi mystérieuse dont j'ai vu des centaines d'exemples. Mieux encore, cette bonté protège ta santé et prolonge ta vie: c'est une des clés de la jeunesse éternelle, bien supérieure à toute pharmacopée. Car la bonté est l'amour, et l'amour est la Vie.

C'est la médecine secrète des véritables million-naires et c'est la raison pour laquelle souvent ils tra-vaillent jusqu'à un âge si avancé, alors que ceux qui détestent leur travail, qui n'ont jamais laissé s'ex-primer leur bonté fondamentale, passent leur vie à rêver du jour où ils pourront enfin prendre leur re-traite, et meurent souvent jeunes avant même de l'avoir prise: quelle triste ironie!

Alors chaque matin, à l'aube, – car il est vrai que la fortune appartient à ceux qui se lèvent tôt – dis-toi:

«Aujourd'hui, je puiserai abondamment dans le coffre de ma bonté, et je tenterai de donner à tous ceux que je rencontrerai au moins une pièce d'or. Je ne donnerai non pas nécessairement de l'argent, car les millionnaires en herbe n'en ont guère, c'est connu, mais je donnerai de mon temps, de mon at-tention. Je rendrai un service, je me préparerai mieux pour telle réunion, je ferai ce qu'on appelle l'«*extra mile*», l'effort supplémentaire, – même si j'ai peut-être envie de faire autre chose – je donnerai une chance à un collègue ou un employé qui a fait une erreur, je lui donnerai un encouragement, je n'hésiterai pas à me donner à fond, à aller au front, alors que personne ne veut y aller à ma place... Je n'attendrai pas que l'autre soit bon avec moi pour l'être avec lui, je ferai le premier pas, j'exprimerai sans hésiter ma bonté fondamentale, parce que je sais au plus profond de moi: plus on donne plus on reçoit.

Je ne croirai pas que la bonté est le signe des faibles: non seulement est-elle le signe des êtres forts, des esprits élevés, mais elle renforce et élève ceux qui la manifestent constamment dans leur vie: c'est la médecine de la lumière, et il n'en est de plus haute.

Manifestant constamment ta bonté, tu deviendras un véritable soleil: le soleil se demande-t-il s'il doit davantage briller sur un être plutôt que sur un autre? Non, parce que c'est sa nature comme c'est la nature véritable de chaque être de briller. Et pourtant combien le font, qui passent leur vie dans la peur et l'étroitesse de leur égoïsme?

Oui, le soleil jette sans discernement ses rayons sur tous, et c'est pour cette raison que tous le recherchent, comme on recherche le véritable millionnaire: c'est le secret du charisme et du leadership.

Plus on donne plus on reçoit.

Et si tu as l'impression que malgré ta générosité on t'a lésé, ne cherche pas de revanche. À la place, tourne les talons, et va ton chemin.

La Vie, qui est une bien plus grande justicière que toi, se chargera de réparer cette injustice, si du moins injustice il y a.

Car en cherchant la revanche sur cet être qui t'a nui, tu abaisses tes vibrations, tu laisses les états sombres de ton esprit remplacer les états brillants, et tu deviens semblable à celui qui t'a lésé, alors qu'en passant ton chemin, tu conserves ton égalité d'humeur, tu n'accordes à l'autre aucun pouvoir sur ton être.

Sois ferme intérieurement.

Reste ce que tu es.

Ce qui ne veut pas dire que tu ne doives pas tenter de corriger une situation.

Mais avec égalité.

Dans la bonté.

La bonté fondamentale de ton être.

Plus on donne, plus on reçoit.

Le millionnaire véritable n'est pas celui qui se promène en limousine (le jeune homme sursauta à ces mots!), porte de beaux habits et va dans les plus beaux restaurants. Si c'est cela que tu penses, jeune ami, la vie te réserve de bien amères déceptions.

Le millionnaire véritable est celui qui donne plus que les autres et c'est pour cette raison qu'il reçoit davantage.

Et quel est le don suprême que tu puisses faire aux autres?

C'est de leur apprendre à découvrir leur véritable nature et à exprimer leur plein potentiel.

Chapitre 8

Sois original

Hier, au cours de ma promenade matinale, j'ai emprunté, je ne sais pourquoi, – peut-être parce que mon maître intérieur voulait m'enseigner une leçon nouvelle: on ne finit jamais d'apprendre! – oui, j'ai emprunté un chemin différent et j'ai remarqué qu'un voisin, qui est parti en voyage ou qui a déménagé, avait négligé de faire sa pelouse.

On aurait dit en effet un véritable champ sauvage.

J'aime les pelouses bien «manucurées», surtout celle de mon terrain de golf, et à la vérité je ne me lasse pas, surtout au crépuscule, d'en admirer les vertes allées ondulées, qui sont comme la promesse toujours renouvelée d'un bonheur à portée de la main...

Mais hier, pour la première fois sans doute, je me suis rendu compte qu'une pelouse négligée pouvait elle aussi avoir sa beauté.

Une beauté d'ailleurs extraordinaire comme je n'ai pas tardé à le constater en osant m'approcher.

Oui, cette pelouse, que la main de l'homme avait négligée pour un temps, en raison de cette négligence même est devenue un véritable champ fleuri.

M'approchant j'ai pu admirer un nombre inouï de fleurs, sauvages sans doute, mais néanmoins admirables.

Alors tout de suite j'ai pensé – et c'est sans doute pour cela que mon maître intérieur m'a fait dévier de ma routine matinale – l'éducation, la société, ne cherchent-elles pas à faire des hommes des pelouses bien «manucurées».

Impeccables, sans doute, mais toutes identiques.

Et tout de suite je me suis dit: voilà sans doute la raison pour laquelle il y a si peu de millionnaires!

Parce que pour être millionnaire, tu vois, jeune ami, il faut forcément être différent.

Pour cette raison – et que tu ailles ou non longtemps à l'école –, efforce-toi de demeurer, au plus profond de toi, même si tu es poli comme un jeune bien éduqué... un champ sauvage!

Ne laisse pas l'éducation, la société, te ravaler au rang de l'individu normal: plat comme une pelouse ou un trottoir, et sans idée parce que les seules idées qu'il a sont celles de tout le monde... ce qui revient à n'en pas avoir!

Oui, sois comme un champ sauvage, et, préserve (ou retrouve) et cultive toute ta vie cet état brillant de l'esprit qu'est l'originalité: elle te conduira à la richesse.

Invente une chose nouvelle, un nouveau produit qui répond à un besoin que tu as su identifier.

Ou encore, applique-toi à trouver une manière plus économique, plus efficace de donner un service qui existe déjà: il n'en faut souvent pas plus pour faire fortune!

Si tu es paresseux, je veux dire si tu as su donner à la loi du moindre effort son sens le plus beau, au lieu de chercher par toi-même, demande commodément à ton banquier intérieur de trouver à ta place ce qui t'enrichira, et ne mésestime pas son efficacité et sa fécondité!

Ne te laisse pas ravaler par les gens autour de toi, qui veulent faire taire ton originalité parce qu'on a fait taire depuis longtemps la leur: le spectacle de la tienne leur est insupportable parce que c'est celui de la Vie et qu'ils sont morts depuis des années.

Sois différent: pour retrouver le flot intérieur de tes idées, cesse pour un temps de te laisser banalement hypnotiser par le petit écran – c'est le nouvel opium du peuple! – et contemple l'écran de ton esprit, petit au début, parce que tu en as perdu l'habitude, mais qui deviendra bientôt immense, infini même avec la pratique.

Oui, si tu m'en crois, ferme ta télé pour un temps, zappe-la de ta vie, et à la place, pendant une heure, contemple une fleur, observe la course mystérieuse des nuages dans le ciel.

T'avouerai-je que, parfois, pendant des heures, alors que j'avais une décision difficile à prendre, je n'ai apparemment rien fait d'autre que contempler les nuages: ils m'enseignaient mystérieusement ce que les hommes, les chiffres, les analyses ne pouvaient m'enseigner, ils m'apportaient sur un blanc plateau de lumière la réponse que je cherchais: c'était mon conseil d'administration secret!

(Un bon parcours de golf solitaire peut parfois aussi faire le travail: car c'est souvent lorsque l'esprit ne pense pas qu'il pense vraiment)!

Sois original, apprends à penser par toi-même, même si tu consultes aussi les autres.

Au lieu de parler une heure au téléphone, tais-toi pendant une heure, et vois les merveilleuses réponses que le silence t'apportera. Fie-toi à ton intuition – les messages de ton maître intérieur – même si ce qu'elle te suggère va à l'encontre de l'avis des autres.

Derrière chaque homme qui a réussi, derrière chaque millionnaire véritable, il y a non seulement un travailleur acharné, un fort caractère, mais aussi un esprit original.

Alors sois original!

Chapitre 9

Sois discipliné

Tout dans l'univers est hiérarchie.

Chacun a un maître: si tu n'es pas maître de toi, un autre le sera.

Alors discipline-toi!

Fais-toi des horaires et respecte-les!

Fixe-toi des objectifs et atteins-les, ou mieux encore dépasse-les!

Lorsque tu tombes, relève-toi par toi-même, n'attends pas qu'on vienne te relever. Si tu as échoué, cherche et trouve une nouvelle manière de faire, plus astucieuse, plus efficace.

Si tu as perdu une partie, de l'argent, tourne la page et recommence à zéro, (c'est peut-être là que tu en es, me diras-tu!) comme si chaque jour était le premier jour du reste de ta vie: et n'est-ce pas précisément ce qu'il est!

Si tu ne penses pas ainsi, si tu vis dans le passé parce que tu as eu des déceptions ou des échecs, tu ne vaux pas mieux que la femme de Loth qui fut changée en statue de sel, parce qu'elle regarda derrière elle au lieu d'aller de l'avant!

Fais-toi des promesses et tiens-les!

Et tiens aussi, bien entendu, celles que tu fais aux autres, à tes parents, à tes amis.

Discipline-toi!

Mais que cette discipline soit faite dans la joie!

Et comment d'ailleurs pourrait-il en être autrement puisque si tu as suivi mon conseil – et j'espère bien que tu l'as fait et que tu as choisi ta carrière selon ton coeur –, ce que tu fais, tu l'aimes, tu l'adores même, tu en rêves, tu en manges: alors est-ce vraiment être discipliné que de te livrer tous les jours à ta passion?

Il me semble parfois que ceux qui sont vraiment disciplinés sont ceux qui font tout à reculons pour n'avoir pas eu le courage – ou la chance, ne soyons pas trop sévères – de faire ce qu'ils avaient vraiment envie de faire, et en conséquence doivent s'imposer le restant de leurs jours cette horrible discipline de faire ce qu'ils n'aiment pas: l'enfer a-t-il un autre nom?

On me disait discipliné, on disait de moi que j'étais un véritable bourreau, parce que je travaillais parfois quinze heures par jour et souvent sept jours par semaine!

Mais m'aurait-on louangé si on avait su que si je me levais aussi tôt le matin, parfois à cinq heures, c'est que je brûlais d'une impatience furieuse de me retrouver derrière mon bureau, comme un enfant dans une confiserie?

Est-ce bien contraignant de reprendre chaque jour le collier lorsque ce collier est un collier d'or, léger comme le vent, comme la lumière, contrairement au collier de fer que portent la plupart des hommes?

Discipline-toi!

Habitue-toi à prendre les bouchées doubles, tu verras ce n'est pas vraiment plus difficile que de se contenter de demi-mesures, et c'est souvent nécessaire au début pour mettre en marche la roue de la richesse!

Ce qu'on te donne dix jours pour accomplir, dis-toi que tu n'as que cinq jours, qu'un seul jour même, pour l'expédier, et vois les moyens astucieux, les solutions inattendues, les raccourcis inventifs que ton esprit profond te proposera pour y arriver! Joue un jeu avec toi-même, fais comme si c'était une urgence, que tu n'avais pas le choix: tu te retrouveras avec plus de temps libre que jamais.

Sois discipliné. Ne te présente aux autres que lorsque tu es à ton meilleur, dans un état brillant de l'esprit. Et si tu te fais un devoir d'être constamment à l'écoute des autres, de te taire une heure chaque fois que tu as en parlé une, si tu te fais un devoir de communiquer clairement aux autres ce que tu attends d'eux, en revanche sois avare de paroles lorsque vient le temps de parler de toi. Au lieu d'être celui qui se plaint, sois celui qui écoute patiemment les plaintes des autres, et les réconforte dans l'adversité: c'est cela un vrai chef. Depuis que le monde est monde, le pouvoir et le secret vont main dans la main.

Au lieu de parler de toi, fais parler les autres d'eux-mêmes: rien ne te fera plus sûrement des amis.

Sois discipliné!

Mais ne te méprends pas sur le sens véritable de la discipline.

Ne deviens pas un esclave de ton travail.

Sois plus rusé!

Prends des vacances!

Régulièrement.

Je veux dire, pas seulement une fois par année, mais cinq mais dix fois par année! Pour rester toujours frais, toujours d'attaque, comme si... tu revenais de vacances!

Oui, prends des vacances chaque fois que tu es fatigué avant que la vie, que ton corps ne t'envoie en vacances... en te faisant tomber malade!

Et si tu sens que, malgré ton inquiétante fatigue, tu ne peux prendre de vacances, c'est que tu manques de discipline!

Fais plus vite, fais mieux ton travail!

Délègue!

Fais plus d'argent et plus vite!

Et au plus vite pars en vacances!

Ton équilibre en dépend!

Que feras-tu lorsque tu seras si surmené que tu seras devenu incapable de prendre la bonne décision, de supporter les gens avec qui tu travailles, tes clients, tes amis, ta femme?

Sois discipliné: voyage!

Parcours le monde, va partout où tes moyens te le permettent.

Frotte-toi aux autres cultures, aux mœurs des autres peuples! À leur contact, ouvre ton esprit, renouvelle tes méthodes, ta vision des choses: comprends ce qu'ils sont... et ce que tu es!

Discipline-toi!

Sois frugal!

Pour ta vie personnelle, au début, vis frugalement. Et l'argent que tu gagnes, au lieu de le dépenser tout de suite en choses inutiles, réinvestis-le dans ton entreprise, dans ton talent, dans ton rêve!

Ne fais pas l'erreur de beaucoup de débutants qui auraient réussi à passer à travers certaines périodes difficiles s'ils n'avaient pas flambé tout ce qu'ils avaient gagné. Garde-toi des réserves, pour les jours difficiles, et il y en a presque toujours dans les débuts!

Jean-Paul Getty gagna son premier million avec pour tout bureau sa voiture!

Alors as-tu vraiment besoin à tes débuts d'un bureau immense avec des tapis de huit centimètres d'épaisseur?

Sois frugal, non seulement à ton bureau mais lorsque tu es à table.

Mange peu et fort lentement, ce qui soit dit en passant est un fort bon truc pour manger peu.

Que l'essentiel de ton énergie soit consacrée à penser, à créer, à voir des opportunités d'affaires, et à prospérer, et non pas à digérer comme un ruminant.

Ce qui ne veut pas dire qu'à l'occasion tu ne puisses faire honneur à une bonne table.

Mais que la frugalité soit ton ordinaire.

Sois discipliné: apprends à respirer!

Au moins une fois par jour, pendant une dizaine de minutes, plus longtemps si tu peux, respire profondément.

Respire profondément et entre peu à peu en contact avec ton être véritable, qui est calme, lumineux, joyeux et libre.

C'est le secret de la jeunesse.

Apprends à respirer, et vois nombre de tes mauvaises habitudes disparaître comme par enchantement.

Apprends à respirer, et ultimement réalise, ravi, que rien ne compte vraiment, que rien n'a vraiment d'importance sinon, précisément... de respirer!

Sois discipliné.

Car si celui qui vainc l'autre est grand, celui qui se vainc lui-même l'est encore plus.

Chapitre 10

Sois en paix avec toi-même

Suivait un chapitre encore plus étrange que le précédent puisqu'il ne comportait qu'un mot, écrit en lettres immenses au milieu de la page:

Le jeune homme haussa les sourcils. À la page suivante, se trouvait ce qui semblait être une explication. Voici ce que disait le Millionnaire:

«Je viens de faire quelques pas pour délier mes vieilles jambes, et, en retournant à ma table, je réalise que je ne t'ai pas encore parlé, jeune ami, d'une des grandes clés de mon succès.

En fait, tu pourrais presque déchirer tout ce que je viens de te dire, et comprendre simplement la puissance du mot Dieu.

Comprendre ceci: bannissant tout état sombre de l'esprit, bannissant toute négativité, éliminer de ton langage toute expression négative.

Au lieu de dire, ce qui est une atteinte à ta perfection intérieure: «Je ne peux faire ceci», bannis la négation, supprime le «ne» et dis-toi: «Je peux faire ceci.»

Au lieu de te dire: «C'est trop pour moi», dis-toi: «C'est pour moi.»

Va plus loin encore, ne vois pas de différence entre l'Infini et toi. Au lieu de te dire: «Je ne suis pas Dieu», ce qui est une insulte à ta divinité intérieure, à la perfection lumineuse de ton être, dis-toi, avec ce qui paraîtra une folle audace aux autres: «Je suis Dieu.»

Tente pendant dix minutes de te répéter cette formule, même si tu doutes de sa puissance, elle agira en toi, comme agit en toi un remède même si tu doutes de ses vertus.

Dans le secret de ton âme, au lieu de te répéter: «Les choses vont mal, je ne sais pas si j'y arriverai, je ne sais pas si je réussirai», te livrant ainsi à l'hypnose banale de la plupart des êtres, répète-toi, comme le font les hautes âmes qui vont leur chemin, répétant sans relâche le nom de Dieu: «Je suis Dieu.»

Et, peu à peu, mystérieusement, une lumière et un calme descendront en toi.

Et, petit à petit, tu comprendras le secret ultime, qui consiste tout simplement à être en paix avec soi-même.

Oui, sois en paix avec toi-même!

Aie des objectifs élevés, travaille avec acharnement, mais reste détaché, reste libre intérieurement!

Tu pourrais accomplir les exploits les plus extraordinaires, amasser la fortune la plus considérable, mais si tu n'es pas en paix avec toi-même, tu n'auras rien gagné car n'oublie pas que le seul bien qu'on emporte, c'est celui qu'on a fait.

Ne fais pas l'erreur du roi Midas: c'est bien que tout ce que tu touches se transforme en or, sauf si tu perds de vue l'essentiel, la raison de toute richesse, sauf si tous tes amis, tes enfants même deviennent de froides statuettes d'or. Tu éviteras ce piège si fréquent si tu conserves toujours un cœur d'or, si tu laisses toujours ta bonté fondamentale s'exprimer.

Sois en paix avec toi-même!

Où que tu ailles, quoi que tu fasses, en quelque compagnie que tu sois, n'oublie pas que tu restes toujours seul avec toi-même: si tu n'es pas en paix avec toi-même, tu es en fort mauvaise compagnie.

Le célèbre comte de Saint-Germain a dit: «J'ai atteint la liberté après avoir pris trois millions de bonnes décisions.»

Toi aussi, applique-toi à prendre les bonnes décisions, en suivant toujours la Règle d'Or: fais aux autres ce que tu voudrais qu'on te fasse, et ne fais rien qui trouble ta paix intérieure, car c'est un signe alors que tu t'es écarté du droit chemin.

Comme le prescrivait le souriant Bouddha, cultive la pensée juste, la parole juste, l'action juste.

De ces trois vertus fais-toi une triple couronne que tu t'efforceras de porter tous les jours de ta vie: tu seras un roi.

Prends les bonnes décisions, car elles te suivront comme ton ombre.

Prends les bonnes décisions, dans tes affaires, mais aussi dans ta vie, car les affaires et la vie ne sont pas vraiment séparées.

Sois en paix avec toi-même.»

Suivait une page blanche, et le jeune homme crut un instant que le testament du Millionnaire était terminé.

Mais il tourna la page. Et il y avait quelques pensées supplémentaires, mais éparses, comme si le Millionnaire n'avait pas eu le temps ou la force de les livrer dans leur forme définitive. Le jeune chauffeur se remit à lire avec une émotion particulière...

«... Le ciel que je regarde aujourd'hui est le ciel de toutes les époques, de toute éternité, le ciel de la Grèce antique que contempla le divin Platon, le merveilleux Socrate, mon maître à penser, car il fit confiance à la puissance de l'esprit, et non aux conventions stupides qui nous dispensent de penser.

... L'esprit de l'homme ordinaire est comme un singe qui saute d'une branche à l'autre sans jamais se fixer. Ainsi il ne pénètre jamais les principes d'un domaine et n'excelle en rien, et jamais il n'atteint la paix intérieure.

... Tous les jours, livre-toi à cet exercice mystérieux et simple: sans cligner les yeux, fixe pendant cinq minutes, pendant dix minutes, pendant une demi-heure, si tu peux, un point noir devant toi, et vois les merveilles se produire dans ta vie.

Aiguise à ce point ta concentration que tu vivras en permanence dans le moment présent: tu entreras aussitôt en possession de cette richesse que tu ne croyais possible que dans le futur, tes rêves, mystérieusement, deviendront des réalités: tout se passera dans ta vie à la vitesse de la lumière, car tu vis désormais dans la vérité lumineuse de ton être...

... Dans le présent, il n'y a plus de manque, il n'y a plus de peur: il n'y a que de l'amour. Dans le présent toute richesse t'est acquise, et je ne parle pas seulement de belles maisons, de limousines, d'avions privés, je parle de l'état exalté du véritable millionnaire...

Au sujet de mes roses:

Oh! mes roses, mes roses si chères, au moment de quitter cette terre, qui s'occupera de vous, mes enfants? Je sais, il y a Dieu, le jardinier suprême, mais... les hommes de ce siècle sont si insouciants au fond, qui ne s'occupent pas des choses qui ont vraiment de l'importance.

... Fuis les distractions ordinaires des hommes, observe pour un temps la réserve amoureuse, conservant en toi ton essence précieuse qui donne des ailes au dragon de la légende, qui permet de réveiller en toi les vertus héroïques, les vertus magiques...

Observe ton esprit.

De la lumière, de la lumière, sur les murs, sur les rochers, sur les blés, de la lumière: le passeport vers l'éternité...

De la lumière, dans le présent, l'amour... dans les sphères plus vastes de ton esprit, là où le voyage a commencé, là où le voyage s'achève...

Mais il me semble tout à coup que mon esprit se brouille, et je...

Quelle heure est-il au juste?

Oh! déjà six heures du matin...

Comme cette nuit a été brève, et ce testament, que j'ai rédigé d'un seul trait, comme dans un état second, sans même y penser, il me semble que ce n'est pas moi qui l'ai écrit même si je l'ai intitulé un peu pompeusement: MON TESTAMENT...

Oui, il me semble plutôt que c'est mon maître intérieur qui me l'a dicté, qui m'a pour ainsi dire utilisé comme un simple instrument, même si c'est ma pensée, toute ma pensée que j'ai exprimée en ces pages...

Mais comment m'opposer à ses volontés: ne m'a-t-il pas toujours merveilleusement conseillé?

Et puis, qui suis-je au fond pour me révolter qu'il se soit servi de moi?

Après tout, et malgré mes millions, et malgré ce qu'on peut bien penser de moi, je ne suis qu'un modeste serviteur.

Mais plus libre sans doute, mais plus heureux que tous les serviteurs, et que tous les patrons du monde, car je suis le serviteur de Dieu.

Que dire de plus...?

D'autant que, tout à coup, – est-ce la fatigue de cette longue veille qui me gagne? – j'éprouve un malaise, une sorte de difficulté d'être...»

Ces mots, qui étaient les derniers mots du testament, étaient écrits d'une main encore plus tremblante que tout ce qui avait précédé, et tout à coup le jeune homme eut un horrible pressentiment.

Ou plutôt il comprit ce qui avait dû se passer...

Le Millionnaire, c'était certain, avait eu un malaise à la fin de cette longue et éprouvante nuit, il s'était couché, épuisé, et s'était pourtant relevé pour faire un parcours de golf matinal. Mais sur le vert du dix-huitième, il avait éprouvé un malaise, et on avait dû l'amener d'urgence à l'hôpital, et en ce moment, il était peut-être déjà mort...

Chapitre 11

Où le jeune homme fait une rencontre inattendue

«Alors finalement, tu es venu?»

Le jeune homme, qui avait les larmes aux yeux, releva la tête.

Contre toute attente, se tenait à la porte de la bibliothèque nul autre que... le Millionnaire en personne, arborant une tenue de golf!

Un moment, le jeune homme crut qu'il était victime d'une hallucination. Les ultimes paroles l'avaient troublé et l'homme qui venait de pénétrer dans la bibliothèque n'était qu'un fantôme précisément: le fantôme du Millionnaire qui venait de trépasser.

L'ombre pourtant esquissait un sourire qui n'était pas dépourvu d'ironie, s'avançait dans la bibliothèque.

Le Millionnaire, qui avait remarqué les yeux humides du jeune homme, lui demanda, en tendant l'index vers son testament:

«Est-ce que c'est si triste?

— Euh, non pas du tout c'est même le...»

Une pause, et le jeune homme se levait avec embarras, désignait les pages:

«Je... je... je me suis permis de... J'espère que vous ne serez pas fâché que je l'aie lu...

— Non, assura le Millionnaire avec un sourire tout à fait convaincant.

— Je... hier vous avez oublié un de vos gants dans ma limousine... Et je suis venu vous le rendre mais en arrivant, j'ai trouvé un peu curieusement un sac de golf sur le vert, et votre porte ouverte et je me suis imaginé le pire...

— Edgar, mon chauffeur, a eu un deuxième malaise tôt ce matin, et nous avons dû le transporter d'urgence à l'hôpital. Comme il est un peu un membre de la famille, nous sommes tous allés ensemble, et c'est pour cette raison que tu as trouvé le manoir vide...

— Est-ce qu'il...?

— Il est hors de danger, ne crains rien.»

Le jeune homme, comme pour prouver sa bonne foi, se remit à chercher le gant du Millionnaire, et grommela:

«Pourtant je l'ai utilisé pour...»

Il allait dire: «... pour faire quelques coups roulés sur le vert du dix-huitième.» Mais il se ravisa aussitôt. Il aurait l'air de quoi? Puis tout à coup, il se rappela: il avait mis le gant dans la poche arrière de son pantalon!

Il l'en tira, le brandit avec fierté:

«Dans la poche arrière, comme un golfeur...», dit le Millionnaire avec un sourire fin, comme s'il avait deviné quel usage le jeune homme avait réservé au gant.

Le jeune chauffeur sourit avec embarras, et comme le Millionnaire s'avançait, il lui remit enfin le gant.

«Est-ce que tu es golfeur?

– Euh oui... enfin je ne joue pas aussi souvent que je voudrais, et je n'ai pas encore mon terrain de golf privé comme vous, mais un jour...

– Hum, tu es ambitieux, à ce que je vois, c'est bien, c'est même très bien...»

Une pause puis le vieux philosophe reprenait:

«Si tu joues au golf, ça ne t'ennuiera pas trop de m'accompagner sur le vert du dix-huitième. Il me restait un roulé pour un oiselet pour terminer un parcours de 79 lorsque Edgar... Et comme je ne brise pas souvent 80.»

Un roulé pour un oiselet? pensa le jeune homme. Il pouvait bien rêver en couleurs, le Millionnaire: il verrait que ce coup roulé n'était pas une sinécure. Lui ne jouait peut-être pas en bas de 80, – il avait plutôt 15 ou 16 de marge d'erreur – mais il pouvait quand même voir quand un coup roulé était tout simplement impossible...

«Ça me ferait grand plaisir.

– Alors allons-y tout de suite: quand je commence une chose, j'aime la terminer.»

En marchant jusqu'au vert, le Millionnaire demanda au jeune homme:

«Tu me parais être un jeune homme ambitieux, alors, dis-moi, quel est ton but? Tu ne passeras quand même pas toute ta vie à conduire une limousine?»

Le jeune homme avait eu sa chance, la veille, et il l'avait stupidement laissé passer: cette fois-ci, il ne la raterait pas!

«Euh, justement... oui.

– Hein?..., demanda avec un certain étonnement le Millionnaire, comme s'il s'était tout à fait trompé au sujet de ce jeune homme dont le regard brillant était plein de promesses.

– Oui, c'est-à-dire que je voudrais, enfin mon rêve, ce serait de racheter l'entreprise de mon patron.

– Hum... faire pour soi-même ce qu'on faisait pour un autre: c'est sage, j'aime bien.

– Seulement, j'ai seulement dix mille dollars.

– Un prêt de tes parents?

– Non... mes parents sont... ils sont morts lorsque j'avais seize ans...

– Oh! je suis désolé. Et quel âge as-tu maintenant?

– Vingt et un ans.

– Vingt et un ans et tu es parvenu à économiser 10 000 dollars? fit le Millionnaire, et il laissa échapper un sifflement admiratif.

«Remarquable... À ton âge, en général, on a plutôt dix mille dollars de dettes. Je te félicite sincèrement.

– Je... je vous remercie, mais je... je suis loin encore de mon but, je...»

Puis se décidant, il plongea:

«Pour tout vous dire, mon but est de gagner mon premier million avant d'avoir trente ans...

– C'est bien, tu as un objectif précis, avec un délai. J'aime. Mais dis-moi, pourquoi attendre d'avoir trente ans?

– Parce que pour le moment, je n'ai pas l'argent pour racheter l'entreprise de mon patron, il a une vingtaine de limousines, et à la banque... Pour eux, j'ai beau avoir 10 000 dollars, je ne suis qu'un petit chauffeur de limousine sans avenir qui ne gagne que 20 000 dollars par année...

– Hum, je vois, dit le Millionnaire, je vois...»

Mais il n'en dit pas plus avant d'avoir atteint le vert du dix-huitième trou et de s'être emparé de son fer droit.

«Je vais te proposer un pari.

– Un pari?

– Oui. À dix contre un.»

Et le Millionnaire tira de sa poche une pièce de dix sous.

«À dix contre un? Vous voulez dire que vous voulez parier dix sous?»

Le Millionnaire ne put réprimer le mouvement d'hilarité qui s'éleva en lui et qui était peut-être d'autant plus grand que ses nerfs avaient été mis à rude épreuve par son long pensum nocturne et par toute la commotion matinale causée par le malaise de son chauffeur.

Mais lorsque enfin, il put recouvrer son sérieux, il expliqua:

«Non, je... enfin tu me connais sans doute de réputation, on me surnomme le Millionnaire, alors je ne parie pas des sous mais des dollars.»

Avant de poursuivre, il s'agenouilla avec une souplesse remarquable pour un homme de son âge et marqua sa balle, mais différemment de la méthode habituelle, en plaçant la pièce de monnaie non pas derrière elle, mais, un peu curieusement, sur le côté droit. Il se releva et reprit son explication:

«Écoute, voici ce que je te propose: ces 10 000 dollars, je les parie à 10 contre 1. Si tu fais ce roulé, je te donne 100 000 dollars, si tu le rates, tu me donnes tes 10 000 dollars. *Capice*?»

D'abord, le jeune homme fut transporté.

«Vous dites 100 000 dollars! Pour un seul coup roulé!

– Oui, mais tu perds tes 10 000 dollars si tu le rates.»

Le jeune homme blêmit: il venait de se rappeler ce que pourtant il n'aurait jamais dû oublier, même une seconde: ses innombrables tentatives ratées pour réussir ce foutu roulé de quatre pieds.

Tout bien considéré, 100 000 dollars, c'était une somme inespérée, c'était plus, probablement, que ce qu'il pouvait économiser en vingt ans, et ça lui suffirait peut-être pour racheter l'entreprise de son patron, en tout cas pour faire un dépôt fort sérieux ou pour pouvoir obtenir un prêt. Mais – et c'était bien entendu le revers de la médaille – s'il ratait le coup roulé il perdrait en quelques secondes les patientes, les héroïques économies des cinq dernières années et il devait repartir à zéro!

«Je... écoutez...»

Il était sur le point d'avouer au Millionnaire qu'il avait déjà tenté ce roulé, un peu plus tôt dans la matinée, huit, dix fois, il ne savait plus trop, mais assez pour se rendre compte qu'il était pratiquement infaisable mais il se ravisa: ç'aurait été avouer une impertinence de plus. Et maintenant qu'il connaissait l'importance de ce roulé pour le Millionnaire, – briser la marque de 80! – ne risquait-il pas de s'attirer encore plus automatiquement ses foudres?

Il s'interrompit, déglutit nerveusement puis décida de plonger. Ne valait-il pas mieux dire la vérité, à la fin?

«Écoutez, ce n'est pas un pari...»

Il allait dire «honnête», mais le mot lui parut fort. Il resta un instant sans parler. La proposition du Millionnaire le décevait: il avait sans doute été mal informé au sujet de sa générosité proverbiale. Il reprit enfin la parole:

«Ce... j'ai... je me suis permis ce matin, en vous attendant, de l'essayer, je veux dire ce roulé...»

Et il s'empressa de préciser, pour rassurer le noble vieillard:

«Évidemment, j'ai remis la balle exactement au même endroit, mais c'est un coup presque impossible...

– Presque impossible? répéta le Millionnaire. Voyons voir.»

Et il alla aussitôt retirer le drapeau, qu'il posa à quelques pieds de la coupe. Puis il examina le coup roulé. Il s'agenouilla derrière la balle, il alla de l'autre côté de la coupe, se pencha également, il fit en fait le tour du trou (pour ne pas dire de la question!), examinant de ses yeux d'un bleu intense le coup roulé sous tous ses angles. Puis il prit sa position, fit quelques coups de pratique, plaça enfin son fer droit derrière la balle, entama son mouvement arrière mais soudain se ravisa et quitta sa position en laissant tomber d'une voix un peu amusante, comme un robot:

«Ne jamais frapper un coup lorsqu'on n'est pas prêt à cent pour cent!»

Il étudia à nouveau le coup roulé, reprit sa position et enfin frappa la balle.

Dès l'impact, le jeune homme, comme malgré lui, esquissa un sourire.

Le Millionnaire avait fait la même erreur que lui, le matin: il avait frappé la balle bien trop fort. Elle se retrouverait dix pieds passé la coupe!

Le Millionnaire avait résolu non seulement de frapper la balle avec fermeté mais, comme on dit en jargon golfique, de «jouer le trou», ou à peu près, car il lui fallait tout de même tenir compte de la courbe du vert, assez prononcée.

Plus la balle approchait du trou, plus le sourire du jeune homme s'épanouissait: car la balle bien entendu prenait de la vitesse, et même si elle allait

129

frapper le trou, comme il semblait, jamais elle ne s'arrêterait dans sa course.

Elle ne s'arrêta pas en effet parce que lorsqu'elle frappa la coupe, exactement en son milieu, au lieu d'y disparaître, elle fut projetée dans les airs, à environ quinze centimètres de haut.

Le jeune homme retint son souffle. Mais lorsque la balle retomba, après ce qui lui parut une éternité même si ce n'était qu'une fraction de seconde, elle retomba... au fond de la coupe et cette fois-ci y resta pour de bon!

«Oiselet! s'exclama le Millionnaire. Mon premier 79 de la saison!»

Et il sauta dans les airs comme un véritable enfant: le plaisir de la victoire n'a pas d'âge!

Il se dirigea vers la coupe d'un pas allègre et sautillant – on aurait dit qu'il dansait! – récupéra la balle et l'embrassa goulûment avant d'aller la replacer près de la pièce de dix sous, qu'il retira et empocha. Il tendit alors son fer droit au jeune homme et lui dit:

«À ton tour maintenant!»

Devant pareille démonstration, le jeune chauffeur de limousine n'avait plus vraiment le choix de se défiler.

Et pourtant...

Dix mille dollars s'il perdait...

Il prit le fer droit, en esquissant une moue à tout le moins dubitative, pour ne pas dire désespérée.

Il se plaça même en position pour effectuer le coup, après l'avoir examiné plutôt sommairement, car il savait exactement ce qu'il devait faire... même s'il n'avait pas réussi à le faire jusque-là!

Mais il se rebiffa soudain, se releva, se tourna vers le Millionnaire, surpris de sa réaction:

«Je... je suis certain de le rater, je l'ai essayé dix fois ce matin et chaque fois je l'ai raté...

— C'est plutôt un avantage, tu connais maintenant dix mauvaises manières de faire ce roulé.»

Le jeune homme plissa les lèvres. Il n'était pas dupe: ce n'était que des phrases creuses qu'on répète du haut d'une chaire, un raisonnement à cinq sous, ou plutôt... à dix mille dollars car c'était peut-être précisément pour le soulager de cette somme que le Millionnaire le poussait ainsi à s'exécuter!

Bien sûr, il avait réussi le sien du premier coup, mais c'était peut-être de la pure chance, sans compter que, contrairement à lui, le vieil homme connaissait tous les secrets de ce vert depuis une éternité puisque c'était son propre terrain de golf!

Le voyant hésiter, le Millionnaire se pencha vers la balle avec l'intention manifeste de la récupérer:

«Je sais qu'il est difficile mais c'est pour cette raison que je te donne du dix contre un, sinon je ne t'aurais jamais proposé semblable pari.»

Une pause et:

«Écoute, dit-il d'une voix très calme, dépourvue de toute ironie, je ne peux pas te forcer, c'est seulement une opportunité que je t'offrais. Dans la vie, il y a toujours un risque...»

Alors tout se passa très vite dans la tête du jeune homme. Il pensa à l'incident de la veille, à cette chance qu'il avait loupée: n'était-il pas en train de faire précisément la même chose, parce qu'il manquait d'audace? Au rythme où ses économies fructifiaient, il ne gagnerait son premier million qu'à l'âge vénérable de la retraite, si du moins il se rendait jusque-là, et alors il serait trop tard pour en profiter...

«C'est d'accord, je... je vais tenter ma chance, dit le jeune homme.

– Après tout, commenta le Millionnaire avec une satisfaction évidente, ce n'est que de l'argent.»

«*Ouais!* pensa le jeune homme, *facile à dire lorsqu'on est cousu d'or (tiens,* songea-t-il, se rappelant sa longue lecture matinale, comme Marco Polo: *est-ce de là que vient l'expression?) oui, c'est facile lorsqu'on a des millions... Mais... c'était peut-être ainsi qu'il devait penser si, justement, il voulait un jour l'avoir, son premier million!*»

Et il reprit la position en face de la balle, en face de son destin.

Il se répétait: «*Ce n'est pas parce que j'ai raté dix fois que je raterai une nouvelle fois. Cette fois-ci c'est la bonne, il faut que je le fasse, il le faut, et les 100 000 dollars sont à moi!*»

Il avait vu le Millionnaire caler son roulé en jouant la balle avec fermeté, mais il préféra opter pour la douceur, parce que si la balle du vieil homme n'avait pas frappé exactement le centre de la coupe, elle n'y aurait jamais pénétré.

Faire comme si c'était facile, comme si la balle était déjà dans le trou, la voir y pénétrer lentement mais sûrement, chasser toute pensée négative, tout état sombre de l'esprit... «*Je vais le faire, je vais le faire, il le faut...*», se répétait le jeune homme.

Mais sa nervosité ne diminuait pas, au contraire. Il respira profondément, se concentra, tenta de ne penser à rien d'autre que ce coup, ce coup qui allait d'un seul coup, c'est le cas de le dire, gonfler prodigieusement son compte en banque.

Ou le mettre à zéro.

«*Non, non, non, ne pas penser à cette effarante perspective. Ne pas penser aux dix coups roulés ratés du matin. Ne voir que la trajectoire de la balle, la trajectoire parfaite et la petite balle blanche qui s'enfonce dans le trou.*»

Le trou qui lui paraissait de plus en plus lointain, de plus en plus petit, à force de l'étudier, de le fixer comme un véritable maniaque!

Il ne fallait pas qu'il continue ainsi d'attendre sinon, ce trou, il ne le verrait plus, il disparaîtrait alors que c'est sa balle qui devait y disparaître. Et ce coup roulé de quatre pieds aurait l'air d'un coup roulé de dix pieds.

Son front s'était mouillé de fines gouttelettes même s'il ne s'agissait que d'une fraîche matinée de mai, mais enfin, après ce qui lui parut une éternité, le jeune homme frappa la balle, visant presque un pied à droite de la coupe, ce qui demandait une sorte d'acte de foi... et beaucoup de nerfs. Ça semblait si loin du trou! Mais à la vitesse où irait la balle c'était la seule manière de toucher la coupe!

Il lui sembla tout de suite qu'il avait frappé la balle avec la force parfaite. En effet, elle se mit à rouler ni trop lentement ni trop vite, et courba tout de suite en direction du trou.

Oui, la vitesse était parfaite, et la balle tournait parfaitement, elle n'était maintenant plus qu'à quelques pouces du trou. Et des 100 000 dollars.

Plus que trois pouces maintenant, que deux pouces.

Maintenant c'était certain, la balle tomberait.

Par la porte du côté, comme on dit, parce qu'il avait peut-être un peu exagéré en visant à droite du trou, mais elle tomberait quand même et c'est ce qui comptait, après tout!

Le jeune homme avait arrêté de respirer et il se préparait à sauter de joie.

Mais au dernier moment, d'une manière tout à fait inexplicable, comme si le destin avait voulu se moquer de lui, à moins d'un millimètre du trou, la balle s'arrêta...

Oui, elle s'arrêta, et le visage du jeune homme tomba...

Mais une fraction de seconde plus tard, ce fut à la balle de tomber à son tour, comme entraînée par son propre poids, par la force de la gravité!

Oui, le jeune homme avait réussi son coup, il avait gagné son pari, et les 100 000 dollars qui venaient avec!

Comme le Millionnaire quelques secondes plus tôt, il courut vers le trou, récupéra sa balle et l'embrassa: une balle de 100 000 dollars!

Il se tourna vers le Millionnaire qui souriait calmement, et ne semblait pas le moins du monde perturbé d'avoir perdu 100 000 dollars. Il lui souriait simplement. Comme un père sourit à son fils qui vient de réussir.

«Je te félicite», dit-il.

Quelques minutes plus tard, après avoir payé sa fabuleuse «dette de golf», le Millionnaire raccompagna le jeune homme vers sa vieille jeep.

«Pas de limousine, aujourd'hui?

— Non, c'est mon jour de congé.

— Un jour de congé payant...

— Euh, oui...

— Essaie de ne pas l'oublier.

— Je ne l'oublierai jamais, c'est le plus beau jour de ma vie.

— Non, précisa le Millionnaire, je veux dire que gagner de l'argent, ce n'est pas nécessairement difficile.

— Je vais essayer de ne pas l'oublier.

— Ce qui est difficile, en revanche...

Et le Millionnaire se tut un instant comme s'il se demandait comment il allait expliquer la chose au jeune homme.

— Sais-tu comment on attrape les singes aux Indes?

— Euh, non...

— On attache une noix de coco à un arbre, et on y met du riz par un trou assez grand pour que le singe puisse y entrer la main. Le singe y entre la main, prend le riz, mais maintenant son poing rempli de riz est trop grand pour pouvoir ressortir par le trou. Et le singe est pris à son propre piège.

— Hum, intéressant.

— Tu connais l'expression: "intelligent comme un singe"?

— Oui.

— Quand tu auras gagné ton premier million, et les autres qui suivront, essaie d'être plus intelligent qu'un singe.

— Je vous promets que je vais essayer.»

Le Millionnaire s'approcha alors de lui et lui fit une généreuse accolade.

«Allez, il faut que tu partes, maintenant. Et moi, il faut que je travaille pour regagner les 100 000 dollars que je viens de perdre.»

Le jeune homme se contenta de sourire et monta dans sa vieille jeep qu'il fit démarrer. Mais avant de partir, il demanda au Millionnaire:

«Auriez-vous pris les 10 000 dollars si j'avais raté le roulé?»

Le Millionnaire répondit à sa question par une autre question, ce qui était d'un chic tout socratique, non?

«Toi, à ma place, les aurais-tu pris?»

Et ce furent les derniers mots que le jeune chauffeur de limousine et le vieux Millionnaire échangèrent.

Postface

Ensuite?

Eh bien, les choses ne se passèrent pas exactement comme le jeune chauffeur de limousine l'avait imaginé.

Son patron accepta, bien après de longues discussions, de lui vendre l'entreprise en lui consentant un solde de prix de vente de 500 000 dollars sur 5 ans.

Mais il voulait un comptant de 500 000 dollars.

Le jeune homme évidemment ne les avait pas.

Il n'avait que 110 000 dollars.

Il demanda à la banque l'argent qui lui manquait, mais son gérant lui refusa le prêt.

Et, ironie du sort, son patron décida de le congédier: un employé frustré qui a l'ambition de devenir patron ne fait jamais un employé heureux!

Déprimé, il dut se chercher un emploi...

Mais en un amusant clin d'œil du destin, il tomba un matin sur une petite annonce: limousines d'occasion à vendre...

C'était à la vérité une petite flotte de trois limousines en assez bon état. Le propriétaire demandait 100 000 $, le jeune homme les obtint pour 80 000 $.

Il lui restait 30 000 $.

Heureusement, parce que les six premiers mois les affaires furent tout sauf reluisantes, et il était sur le point de tout laisser tomber et de revendre à perte ses trois limousine lorsqu'il décrocha un contrat fabuleux pour un hôtel.

Un an plus tard, ses affaires allaient si bien et celles de son ancien patron si mal, qu'il put le racheter pour la moitié du prix qu'il lui avait initialement proposé.

Cinq ans plus tard, il avait officiellement gagné son premier million, et il constata que le Millionnaire avait dit vrai: somme toute cela n'avait pas été si difficile...

Mais avait-il été aussi facile d'être plus intelligent qu'un singe?

Cela, l'histoire ne le dit pas...

FIN

Montréal, 11 mars 2002, antépénultième jour avant
mon anniversaire

☐ Oui, faites-moi parvenir le catalogue de vos publications et les informations sur vos nouveautés

☐ Non, je ne désire pas recevoir votre catalogue mais seulement les informations sur vos nouveautés

OFFRE SPÉCIALE

OFFRE D'UN CATALOGUE GRATUIT

OFFRE SPÉCIALE

Nom: _____

Profession: _____

Compagnie: _____

Adresse: _____

Ville: _____ Province: _____

Cose postal: _____

Téléphone: (____) _____ Télécopieur: (____) _____

DÉCOUPEZ ET POSTEZ À:

Les éditions Un monde différent ltée
3925, Grande-Allée, Saint-Hubert,
Québec, Canada   J4T 2V8
Tél.: (450) 656-2660
Téléc.: (450) 445-9098
Site Internet: http: / / www.umd.ca
Courriel: info@umd.ca

IMPRESSION
IMPRIMERIE GAGNÉ